शिकायत मुझे भी है

[व्यंग्य]

शिकायत मुझे भी है

हरिशंकर परसाई

राजकमल प्रकाशन

ISBN : 978-81-267-0338-8

मूल्य : ₹295

पहला संस्करण : 1972
बारहवाँ संस्करण : 2018

प्रकाशक : राजकमल प्रकाशन प्रा. लि.
1-बी, नेताजी सुभाष मार्ग, दरियागंज
नई दिल्ली-110 002

शाखाएँ : अशोक राजपथ, साइंस कॉलेज के सामने, पटना-800 006
पहली मंजिल, दरबारी बिल्डिंग, महात्मा गांधी मार्ग, इलाहाबाद-211 001
36 ए, शेक्सपियर सरणी, कोलकाता-700 017

वेबसाइट : www.rajkamalprakashan.com
ई-मेल : info@rajkamalprakashan.com

मुद्रक : बी.के. ऑफसेट
नवीन शाहदरा, दिल्ली-110 032

SHIKAYAT MUJHE BHI HAI
Satire by Hari Shankar Parsai

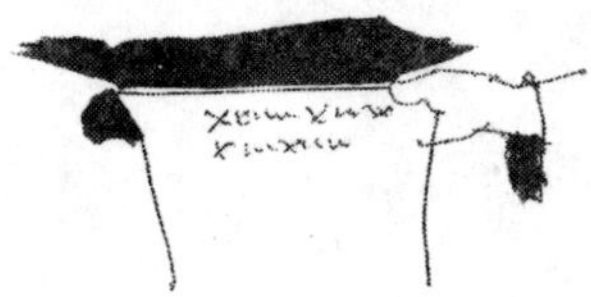

अनुक्रम

शिकायत मुझे भी है

शिकायत मुझे भी है

मगर मेरी शिकायत यह नहीं है कि वैज्ञानिक को देश में ही नौकरी और अनुसन्धान की सुविधा क्यों नहीं मिली। क्यों उसे दूसरे देश में अनुसन्धान करके विदेशी की हैसियत से नोबुल पुरस्कार मिला? क्यों नहीं यह गौरव इसी देश को मिला?

डॉ. खुराना के मामले को लेकर ये शिकायतें कुछ लोग सोच रहे हैं। मगर मुझे शिकायत नहीं। विदेशों से हम गेहूँ, चावल वगैरह मँगाकर खाते हैं, मगर उसके दाम चुकाने की हैसियत है नहीं। उसके चुकाने में अगर प्रतिभाएँ दे देते हैं, तो क्या बुरा है? तुमने गेहूँ दिया—लो, चार वैज्ञानिक ले जाओ। मुझसे कोई प्रतिभा नहीं है, मगर मेरे बदले में अगर एक किलो गेहूँ भी मिलता हो तो मैं बिकने को तैयार हूँ। प्रतिभा को यहीं रखकर क्या करेंगे? वह खाने के काम भी तो नहीं आती।

शिकायत मुझे भी है

मगर लोग हैं कि चिल्ला रहे हैं—नौकरशाही जीनियस (महान् प्रतिभा) को पनपने नहीं देती।

यह शिकायत बेबुनियाद है। मैंने बड़े बाबू से पूछ लिया है। उन्होंने कहा—वैज्ञानिक के पास 'एम्प्लायमेंट एक्सचेंज' का कार्ड था? मैंने कहा—बहुत करके नहीं था। बड़े बाबू बोले—तो फिर कैसे नौकरी मिलती? कार्ड लेकर आता, तो मैं ही कहीं 'चिपका' देता।

थूक लगाकर बड़े बाबू टिकिट चिपकाते हैं तो थोड़ा थूक ज्यादा लगाकर प्रतिभा को भी चिपका देते। मगर कार्ड चाहिए और प्रतिभा पर थोड़ी गोंद तो होनी चाहिए। किसी को चिपकाने के लिए कोई पास से गोंद थोड़े ही खर्च करेगा। लोग क्या मिलते नहीं हैं? ऐसे-ऐसे मिलते हैं जिनके शरीर से गोंद के झरने बहते रहते हैं।

कार्ड तो मैं ही सौ-पचास लिखवाकर किसी रोजगार दफ्तर से दिलवा देता। इसमें 'सदाचार' वगैरह की बात करना व्यर्थ है। लोग बकते बहुत हैं, पर इसका ठीक अर्थ नहीं जानते। एक साहब ने मुझे समझा दिया था। उनके पास मैं पाँच सौ रुपया घूस लेकर पहुँचा, तो वे बोले—सदाचार सप्ताह चल रहा है। कुछ तो शर्म करो। हजार रुपए के काम के लिए पाँच सौ दे रहे हो। यही तुम्हारा सदाचार है? मैं शरमा गया था।

प्रतिभाओं के बड़े साहब की भी मुझसे बात हो चुकी है। उन्होंने समझाया—भई, ये तुम्हारे प्रतिभावान लोग, एल.डी.सी. और यू.डी.सी. को बरकाकर निकलना चाहते हैं। एक वैज्ञानिक को मैंने चिपका दिया था। एक दिन वह बड़ी फुर्ती में कहीं चला जा रहा था। हमारे एल.डी.सी. ने उसे पकड़ लिया। पूछा—कहाँ जा रहे हो? उसने कहा—प्रयोगशाला। एक बढ़िया चीज सूझ गई है। एल.सी.डी. ने उसका हाथ पकड़कर कहा—ऐसे नहीं जा सकते। 'थ्रू प्रापर चैनल' जाओ। लौटो। वह 'थ्रू प्रापर चैनल' समझा ही नहीं। वह उसे इंग्लिश चैनल समझा और पार कर गया। सुना है इंग्लिश चैनल अपनी 'प्रापर चैनल' से कम चौड़ी है। सैकड़ों सालों की मेहनत से हमारी यह 'प्रापर चैनल' बनी है। तुम्हारी ये प्रतिभाएँ उसे तोड़ना चाहती हैं। राष्ट्रीय सम्पत्ति का ऐसा नुकसान कौन बरदाश्त करेगा?

मैंने एक मंत्रीजी से भी इस मामले में बात करके देखी है। उन्होंने कहा—हमने तो जी, छठवीं कक्षा की किताब में पढ़ा था कि न्यूटन ने सेब गिरते देखकर

ही कोई खोज कर ली थी। और वाट नाम के लड़के ने जी, उबलती केतली से ही खोज कर ली थी। और वह कौन था जी, हाँ, आर्कमेडीज़, उसने तो नहाते-नहाते खोज कर ली थी। पर आज के इन वैज्ञानिकों को तो बड़ा तामझाम चाहिए। मैं कहता हूँ जी, इतने आम गिरते हैं, पर उन्हें देखकर कोई खोज क्यों नहीं करता? वैज्ञानिक रोज नहाता है, पर खोज नहीं करता। हमने तो जी छठवीं की किताब में पढ़ा था...

मैंने कौम के रहनुमा से भी बात कर ली है। उसने कहा—यह देश पछतावे पर जी रहा है। यह पछतावा खाता है। पछतावा इसका 'स्टेपल फूड' (मुख्य खाद्य) है। अगर पछतावे में कमी पड़ जाएगी तो देश मर जाएगा। पछतावों की नई-नई फसल जरूरी है, देश के जिन्दा रहने के लिए।

अगर प्रतिभाओं की कद्र होने लगे, तो पछतावा कम हो जाएगा और देश भूखा मर जाएगा। इसलिए जो हुआ, देश के स्वास्थ्य के लिए अच्छा हुआ।

सबसे मैंने पूछ लिया है। मेरी शिकायत यह नहीं है कि अपनी प्रतिभाओं की कद्र यहाँ क्यों नहीं होती।

मेरी शिकायत है कि 'इंडियन पेनल कोड' याने भारतीय दंड संहिता को साहित्य का नोबुल पुरस्कार क्यों नहीं मिला अभी तक?

भारतीय दंड संहिता अपना महान् महाकाव्य है। वह एकमात्र 'क्लासिक' है। वह काव्य है और धर्मग्रन्थ भी। सारा जातीय जीवन इसी ग्रन्थ में संचालित हो रहा है। इसी की प्रेरणा से हम राष्ट्रीय जीवन की सिर्फ एक ही साधना कर रहे हैं। उसे 'लॉ एंड ऑर्डर' याने 'कानून और व्यवस्था' कहते हैं। सारी प्रतिभा हमने कानून और व्यवस्था की साधना में लगा दी, फिर भी 'भारतीय दंड संहिता' को अभी तक नोबुल पुरस्कार नहीं मिला—यह मेरी शिकायत है।

'भारतीय दंड संहिता' अगर महाकाव्य है, तो जब-तब रचे जानेवाले अध्यादेश ललित गीत हैं। इनका संग्रह अगर 'नव गीतांजलि' के नाम से छप जाए, तो पश्चिम में मनीषी 'गीतांजलि' के धोखे में इसे नोबुल पुरस्कार दे देंगे। वे समझेंगे रवीन्द्रनाथ अपनी प्रतिभा के शिखरकाल में अध्यादेश लिखा करते थे। सच्चे कवि की पहचान यही है कि वह अध्यादेश लिख सकता है या नहीं।

शिकायत मुझे भी है

मेरी शिकायत यह भी है कि जिसने सबसे पहले पुलिस की लाठी के दोनों सिरों पर लोहे के गुट्टे लगाए, उसे भौतिकशास्त्र का नोबुल पुरस्कार क्यों नहीं मिला ?

उस दिन अखबारों में पढ़ा कि देश अश्रुगैस में आत्मनिर्भर हो गया, तो समझ गया कि 'रिनॉसाँ' हो गया। यों तो पिछले बीस सालों से इस देश में हर चीज अश्रुगैस में बदलती जा रही है। यह अजब रासायनिक क्रिया चल रही है। दुनिया के वैज्ञानिक शोध करें कि देश में गेहूँ और शक्कर अश्रुगैस में कैसे बदल जाते हैं। महँगाई, कालाबाजारी, सूखा और बाढ़ भी अश्रुगैस में बदल जाते हैं। मुझे तो लगता है, पूरा देश ही अश्रुगैस का एक कारखाना है। दुनिया-भर को हम सप्लाई कर सकते हैं। फिर भी अश्रुगैस कम पड़ती थी, तो दूसरे देशों से मँगाते थे। ऐसे देश भी हैं, जिनकी अश्रुगैस में यह खूबी है कि उससे दूसरे लोगों के आँसू ही निकलते हैं। हम ऐसी बहुत-सी गैस बाहर से मँगाते हैं। खिलाने का इन्तजाम चाहे न हो, पर रुलाने का इन्तजाम तो सरकारों को पूरा रखना ही पड़ता है। विदेशी गैस से आँसू आते थे, तो राष्ट्र को शर्म आती थी। अब अपनी ही गैस से जितना चाहो रोओ और रुलाओ।

मेरी यह भी शिकायत है कि जिसने अश्रुगैस में देश को आत्मनिर्भर बना दिया उसे शान्ति का नोबुल पुरस्कार क्यों नहीं मिला ?

पुलिस मंत्री महाकवि है। 'मेघदूत' लिखता है। लिखता है—'आषाढ़स्य प्रथम दिवसे'—(आगे सरल हिन्दी में)—आषाढ़ के प्रथम दिन जब आकाश में श्याम मेघ छाए थे, सुहावना मौसम देख, यक्ष ने गोली चलाने का हुक्म दे दिया। थोड़ी देर में आकाश ने मनुष्य के रक्त से धरती की माँग भर दी। यह देख यक्ष को प्रिया की याद सताने लगी। उसने मेघ के द्वारा प्रिया को सन्देश भेजा। हे मेघ, तू उड़कर उत्तर में मेरी प्रिया के पास जा। जब तू तीर्थराज प्रयाग पहुँचेगा, तब वहाँ विश्वविद्यालय में पुलिस अश्रुगैस छोड़ रही होगी। तू वहाँ बरसना मत। पानी से गैस का असर खत्म हो जाएगा। अगर बरसा तो सख्त कार्यवाही की जाएगी। जब तू कानपुर पहुँचेगा तब वहाँ लाठीचार्ज हो रहा होगा। तू वहाँ भी मत बरसना। पानी गिरने से भीड़ तितर-बितर हो जाएगी और पुलिस को सिर फोड़ने का सुख नहीं मिलेगा। जब आगरा पहुँचेगा, तब मूसलाधार बरसना, जिससे सड़क पर का खून धूल जाए। वहाँ जाँच कमीशन आनेवाला है।

जब तू सुन्दर इन्द्रप्रस्थ पर पहुँचेगा तब वहाँ गोली चल रही होगी। तू नीचे मत उड़ना। गोली लग जाएगी।

हे मेघ, उड़ता हुआ तू मेरी प्रिया के पास पहुँचकर कहना—प्रिये! (यह मेरी तरफ से कहना। अपनी तरफ से नहीं, वरना साले, दस साल जेल में सड़ा दूँगा) कहना, यक्ष ने सन्देश कहलाया है कि इधर 'लॉ एंड ऑर्डर' की हालत अभी अच्छी नहीं है, इसलिए कुछ दिन और 'कंट्रोल रूम' में रहूँगा।

मेरी शिकायत है कि इस काव्य पर साहित्य का नोबुल पुरस्कार क्यों नहीं मिलता?

संस्कारों और शास्त्रों की पढ़ाई

मेरे एक दोस्त हैं। वैज्ञानिक दृष्टिवाले आधुनिक बुद्धिवादी। कट्टर मार्क्सवादी हैं। परिवार से नाता तोड़कर बीसेक सालों से राजनैतिक कार्यों में लगे हैं। उनका भी कोई है, मुझे पता नहीं था। पर उनका भी कोई था। पिछले हफ्ते वे प्रयाग की गाड़ी में मुंड़े सिर मिल गए।

पूछा, "कहाँ जा रहे हो?"

बोले, "प्रयाग।"

लोग चोरी करने जाते हैं, तब इस शहर को इलाहाबाद कहते हैं। पिंडदान करने जाते हैं, तब प्रयाग कहते हैं।

पूछा, "मुंडन किसलिए?"

बोले, "फादर की मृत्यु हो गई।"

संस्कारों और शास्त्रों की पढ़ाई

मैंने कहा, "मुझे पहली बार मालूम हुआ कि आप भी फादर रखते थे।"

यों कोई बुरी बात नहीं है। जिनकी हैसियत है, वे एक से ज्यादा भी बाप रखते हैं—एक घर में, एक दफ्तर में, एक-दो बाजार में, एक-एक हर राजनैतिक दल में। इधर एक आदमी है, जिसके परसों तक पैंतीस बाप थे। कल संविद सरकार टूट रही थी तो पन्द्रह रह गए। आज वह सरकार थम गई तो उसके अड़तीस हो गए हैं।

मुझे उनके पिता की मृत्यु का कतई दु:ख नहीं था। उन्हें मैं जानता नहीं था। फिर वे अस्सी के थे और उनके मरने से कोई अनाथ नहीं हुआ था। दोस्त को भी दु:ख नहीं था, कुछ पछतावा जरूर था।

मुझे उसकी चिन्ता थी जिसे उन्होंने बीस सालों से सच्चा पिता मान रखा था—याने मार्क्सवाद की। उन्होंने खुद अपने हाथों मार्क्सवाद का मुंडन कर दिया था।

उनके हाथ में एक छोटी-सी थैली थी। मैंने पूछा, "इसमें क्या है?" बोले, "उनकी राख है। तुम्हें इतना भी नहीं मालूम?"

मैंने कहा, "मैं समझा, इसमें द्वन्द्वात्मक भौतिकवाद है, जिसका संगम में विसर्जन होगा।

पहले वे चिढ़े। फिर कहने लगे, "यार, यह बड़ा विकट संघर्ष है। एक तो संस्कार और फिर परिवार की भावना।"

इस संघर्ष से मैं अनजान नहीं। चाचा की मृत्यु के बाद मैंने श्राद्ध नहीं करने का एलान कर दिया। मेरी जो फजीहत हुई, मैं ही जानता हूँ। उनके करनेवाले और भी थे। चाचा मेरे भरोसे तो परलोक गए नहीं थे। मुझ-जैसे के भरोसे कोई परलोक क्या, यह लोक भी नहीं बनाएगा।

मेरे मन में एक ही सवाल था—अगर किसी सामाजिक क्रान्ति में बौद्धिक विश्वास के साथ कोई लगा हो, और तभी चाची कह दे कि बेटा, तुम्हारे चाचा की आत्मा को दु:ख होगा, परलोक में उनकी दुर्गति हो जाएगी तब क्रान्तिकारी क्या करेगा? परिवार की भावना की रक्षा भी तो करनी पड़ती है। तब क्या वह यह कहेगा कि चाची, अगर तुम्हारी यह भावना है तो मैं क्रान्ति को छोड़े देता हूँ।

मेरे एक और दोस्त हैं। मुझसे ज्यादा वैज्ञानिक दृष्टि-सम्पन्न, विचार और कर्म दोनों से क्रान्तिकारी। मैं ही उनसे ज्ञान और प्रेरणा लेता रहा हूँ। एक दिन

मैंने उन्हें धोती पहने, पालथी मारे सत्यनारायण की कथा पर बैठे, रँगे हाथों पकड़ लिया।

मुझे लगा, जैसे एम्बुलेंस की गाड़ी ने ही मुझे कुचल दिया हो।

मैंने दूसरे दिन उनसे पूछा—झूठ नारायण, यह तुम्हारी क्या हरकत है? उसने कहा—यार, 'मदर इन ला' (सास) ने बहुत जोर डाला था।

मेरा खयाल था, 'मदर इन ला' सास से अलग किस्म की होती होगी। नहीं, सिर्फ तजुर्बे का फर्क है।

यह जो 'मदर इन ला' कहलाती है, क्रान्ति की दुश्मन होती है। क्रान्तिकारी का पहला और सबसे बड़ा संघर्ष 'मदर इन ला' से निपटना है। बात यह है कि वह बीवी दे देती है। बीवी कर्तव्य को आगे बढ़ाते हुए बच्चे दे देती है। तब 'मदर इन ला' आकर कहती है—लाला, अपना नहीं तो बच्चों का तो खयाल करो।

लाला की क्रान्तिकारिता भ्रान्तिकारिता में बदल जाती है।

'मदर इन ला' के शिकार बीस-पच्चीस क्रान्तिदर्शियों की हड्डियाँ तो इधर मेरे पास ही रखी हुई हैं। और लोगों के पास भी होंगी।

संस्कार और शास्त्र की पढ़ाई बड़ी दिलचस्प होती है। संस्कार और अर्थशास्त्र की एक पढ़ाई मैंने साफ देखी।

एक शहर में दो साल पहले किसी सांस्कृतिक आयोजन में गया था। एक साहित्यिक रुचि के सज्जन बहुत पीछे पड़े कि मेरे घर चाय पीने चलिए। हर बार आग्रह के साथ वे यह जरूर जोड़ते—सरिता ने भी कहा है। समझा, सरिता जी इनकी पत्नी होंगी। साहित्य पढ़ती होंगी। कुछ कविता वगैरह भी लिखती होंगी। चाय पीने पहुँचा, तो बैठक से उन्होंने पर्दे की तरफ मुँह करके मेरे आने की घोषणा कर दी। दुविधाग्रस्त अर्द्ध आधुनिक परिवारों में इसके बाद क्या होता है, इसका मुझे बहुत अनुभव है। पत्नी आती है। नमस्ते के बाद बने-बनाए वाक्य बोलती है—हम आपकी कहानियाँ पढ़ते रहे हैं। इतनी हँसी आती है, इतनी हँसी आती है कि बस कुछ मत पूछिए! इसी वक्त उसे याद आता है कि 'दाम्पत्य संहिता' का नियम 73 कहता है—'पत्नी अपना स्वतंत्र मत व्यक्त न करे। व्यक्त करना जरूरी हो, तो उसमें पति को शामिल करे।' वह पति को शामिल कर लेती है—क्यों, वह कौन-सी कहानी पढ़ी थी हम लोगों ने पिछले हफ्ते?

अगर बच्चा भी हुआ, तो 'अंकल जी' को उससे नमस्ते कराया जाता है। कहा जाता है—अंकल तुम्हें बहुत मजेदार कहानी सुनाएँगे। कभी मुझसे वहीं

बच्चे को कहानी सुना देने का आग्रह भी किया जाता है। नुस्खे मेरे पास सब तरह के रहते हैं। प्रौढ़ों के लिए डायबिटीज का नुस्खा भी रखता हूँ और बच्चों के लिए कुकुर-खाँसी का भी। मैं बच्चे को राक्षस की कहानी फौरन सुना देता हूँ। आग्रह हो तो उनके ससुर को भी कृष्ण-सुदामा की कहानी सुना दूँ।

बैठक में मैंने सोचा कि अब सरिता जी बाहर आएँगी और वही यांत्रिक चर्चा चलेगी। बड़ी देर हो गई। सरिता जी तो क्या, नाली जी भी नहीं निकलीं। सोचा, चाय लेकर आएँगी। पर थोड़ी देर बाद साँकल बजी। पति महोदय भीतर गए और चाय की ट्रे लेकर आ गए।

भीतर से एक बिल्ली निकली। उस घर में बिल्ली एकमात्र मादा थी, जो पर्दा नहीं करती थी।

साँकल धातु युग से चली आती घरेलू 'कॉलबेल' है। सरिता जी कुछ संस्कार अपने घर से लेकर आई होंगी, कुछ यहाँ मिले होंगे। वह पाँव दरवाजे की तरफ बढ़ाती हैं तो हाथ साँकल पर चला जाता है।

मगर जब यह स्थिति है, तो इस आदमी ने बार-बार क्यों कहा था—सरिता ने भी आने को कहा है। इस दृश्य में सरिता का कुल इतना 'रोल' है कि वह नेपथ्य में साँकल बजाती है। अगर इस आदमी को सरिता को भी मंच पर लाना है तो साँकल को निकाल फेंकना चाहिए। मगर तब वह थाली बजाने लगेगी।

दो साल बाद अभी फिर उस शहर में गया। वे फिर मुझे चाय के लिए ले गए। इस बार उन्होंने नहीं कहा कि सरिता ने भी आग्रह किया है। उसने नेपथ्य वाला हिस्सा नाटक से काट दिया होगा। मैं बैठक में पहुँचा। उसने पर्दे की तरफ मुँह करके मेरे आने की घोषणा नहीं की। पर जरा देर बाद ही सरिता जी ट्रे लेकर बाहर आईं। एकाध औपचारिक बात की, फिर घड़ी देखी। बोलीं—आप लोग चाय पिएँ। मेरा तो स्कूल का वक्त हो गया। वे चप्पल फटफटाती सीढ़ी से उतर गईं।

श्रीयुत सरितापति बोले—स्कूल में नौकरी कर ली है। आजकल एक की कमाई से पूरा नहीं पड़ता।

समझ गया, अर्थशास्त्र ने संस्कार को धोबी-पछाड़ दे दी।

हमारे जमाने में नारी को जो भी मुक्ति मिली है, क्यों मिली है? आन्दोलन से? आधुनिक दृष्टि से? उसके व्यक्तित्व की स्वीकृति से? नहीं, उसकी मुक्ति का कारण महँगाई है। नारी-मुक्ति के इतिहास में यह वाक्य अमर रहेगा—'एक की कमाई से पूरा नहीं पड़ता।'

शिकायत मुझे भी है

अर्थशास्त्र संस्कारों के सीने पर चढ़कर गला दबा रहा है। इधर एक लड़के ने लड़की को उसी की इच्छा से भगाकर 'सरकारी शादी' कर ली। लड़का योग्य, सुन्दर और अच्छी नौकरी वाला। पहले लड़की की माँ के संस्कारों ने जोर मारा और उसने हाय-तोबा मचाई। अर्थशास्त्र से यह बरदाश्त नहीं हुआ। उसने संस्कारों को एक पटकनी दी। माँ ने सोचा वह जो पन्द्रह हजार दहेज के लिए रखे थे, साफ बचे। फिर पन्द्रह हजार में भी अच्छा लड़का नहीं मिलता। उन्होंने कार्ड बाँटकर दावत दे दी।

अच्छी माँ क्यों न यह इच्छा करे कि कोई अच्छा लड़का लड़की को भगाकर शादी कर ले और हमें बाद में बता दे, तो हम एक भोज दे दें।

लड़ाई शास्त्रों की भी आपस में होती है। अर्थशास्त्र जब धर्मशास्त्र के ऊपर चढ़ बैठता है, तब गोरक्षा आन्दोलन के नेता पंडित द्वारकानाथ जूतों की दुकान खोल देते हैं और 'कॉफ लेदर' (बछड़े का चमड़ा) के जूते बेचते हैं। गाय के बछड़े के चमड़े के जूते को हाथ में भागवत की तरह लेकर, ग्राहक से कहते हैं—यह जूता बड़ा मुलायम होता है। पहले 'कॉफ लेदर' विलायत से आता था, पर अब अपने देश में भी उतरने लगा है। अपना देश भी काफी आगे बढ़ गया है।

सड़क पर जुलूस में होते हैं तब कहते हैं—गोहत्या के कारण देश गिर गया है। दुकान पर होते हैं तब कहते हैं—बछड़े का चमड़ा उतरने के कारण देश आगे बढ़ गया है। दोनों ही बातें सही हैं। देश गिरा जरूर, पर फिर घिसटता हुआ आगे भी बढ़ा और उनके कारखाने तक आ गया। वहाँ उन्होंने देश का चमड़ा उतारकर उसके जूते बना लिए और बेचने लगे।

वह जो आदमी है न!

निन्दा में विटामिन और प्रोटीन होते हैं। निन्दा खून साफ करती है, पाचन-क्रिया ठीक करती है, बल और स्फूर्ति देती है। निन्दा से मांसपेशियाँ पुष्ट होती हैं। निन्दा पायरिया का तो शर्तिया इलाज है। सन्तों को परनिन्दा की मनाही होती है, इसलिए वे स्वनिन्दा करके स्वास्थ्य अच्छा रखते हैं, 'मो सम कौन कुटिल खल कामी'—यह सन्त की विनय और आत्मग्लानि नहीं है, टॉनिक है। सन्त बड़ा काँइयाँ होता है। हम समझते हैं, वह आत्म-स्वीकृति कर रहा है, पर वास्तव में वह विटामिन और प्रोटीन खा रहा है।

स्वास्थ्य विज्ञान की एक मूल स्थापना तो मैंने कर दी। अब डॉक्टरों का कुल इतना काम बचा कि वे शोध करें कि किस तरह की निन्दा में कौन-से और कितने विटामिन होते हैं, कितना प्रोटीन होता है। मेरा अन्दाज है, स्त्री सम्बन्धी

निन्दा में प्रोटीन बड़ी मात्रा में होता है और शराब सम्बन्धी निन्दा में विटामिन बहुत होते हैं।

मेरे सामने जो स्वस्थ सज्जन बैठे थे, वे कह रहे थे, "आपको मालूम है, वह आदमी शराब पीता है?"

मैंने ध्यान नहीं दिया। उन्होंने फिर कहा, "वह शराब पीता है।"

निन्दा में अगर उत्साह न दिखाओ, तो करने वालों को जूता-सा लगता है। वे तीन बार यह बात कह चुके और मैं चुप रहा, तो तीन जूते उन्हें लग गए। अब मुझे दया आ गई। उनका चेहरा उतर गया था।

मैंने कहा, "पीने दो।"

वे चकित हुए। बोले, "पीने दो? आप कहते हैं, पीने दो?"

मैंने कहा, "हाँ, हम लोग न उसके बाप हैं, न शुभचिन्तक। उसके पीने से अपना कोई नुकसान भी नहीं है।"

उन्हें सन्तोष नहीं हुआ। वे उस बात को फिर-फिर रेतते रहे।

तब मैंने लगातार उनसे कुछ सवाल कर डाले, "आप चावल ज्यादा खाते हैं या रोटी? किस करवट सोते हैं? जूते में पहले दाहिना पाँव डालते हैं या बायाँ? स्त्री के साथ रोज सम्भोग करते हैं या कुछ अन्तर देकर?"

अब वे 'हीं-हीं' पर उतर आए। कहने लगे, "ये तो प्राइवेट बातें हैं। इनसे क्या मतलब?"

मैंने कहा, "वह क्या खाता-पीता है, यह उसकी प्राइवेट बात है। मगर इससे आपको जरूर मतलब है। किसी दिन आप उसके रसोईघर में घुसकर पता लगा लेंगे कि कौन-सी दाल बनी है और सड़क पर खड़े होकर चिल्लाएँगे—वह बड़ा दुराचारी है। वह उड़द की दाल खाता है।"

तनाव आ गया। मैं 'पोलाइट' हो गया, "छोड़ो यार, इस बात को। वेद में सोमरस की स्तुति में साठ-बासठ मंत्र हैं। सोमरस को पिता और ईश्वर तक कहा गया है। कहते हैं—तुमने मुझे अमर बना दिया। यहाँ तक कहा गया है कि अब मैं पृथ्वी को अपनी हथेलियों में लेकर मसल सकता हूँ। (ऋषि को ज्यादा चढ़ गई होगी।) चेतना को दबाकर राहत पाने या चेतना का विस्तार करने के लिए सब जातियों के ऋषि किसी मादक द्रव्य का उपयोग करते थे।"

चेतना का विस्तार। हाँ, कई की चेतना का विस्तार देख चुका हूँ। एक सम्पन्न सज्जन की चेतना का इतना विस्तार हो जाता है कि वे रिक्शेवाले को रास्ते

में पान खिलाते हैं, सिगरेट पिलाते हैं और फिर दुगुने पैसे देते हैं। पीने के बाद वे 'प्रोलेतारियत' हो जाते हैं। कभी-कभी रिक्शेवाले को बिठाकर खुद रिक्शा चलाने लगते हैं। वे यों भी भले आदमी हैं। पर कुछ मैंने ऐसे देखे हैं, जो होश में मानवीय हो ही नहीं सकते। मानवीयता उन पर रम के 'किक' की तरह चढ़ती-उतरती है। इन्हें मानवीयता के 'फिट' आते हैं—मिरगी की तरह। सुना है कि मिरगी जूता सुँघाने से उतर जाती है। इसका उलटा भी होता है। किसी-किसी को जूता सुँघाने से मानवीयता का फिट भी आ जाता है। यह नुस्खा भी आजमाया हुआ है।

एक और चेतना का विस्तार मैंने देखा था। एक शाम रामविलास शर्मा के घर हम लोग बैठे थे। (आगरा वाले डॉ. रामविलास शर्मा नहीं। वे तो दुग्धपान करते हैं और प्रात: समय की वायु को 'सेवन करत सुजान' होते हैं।) यह रोडवेज के अपने कवि रामविलास शर्मा हैं। उनके एक सहयोगी की चेतना का विस्तार कुल डेढ़ पेग में हो गया और वे अंग्रेजी बोलने लगे। कबीर ने कहा है—'मन मस्त हुआ तब क्यों बोले।' यह क्यों नहीं कहा कि मन मस्त हुआ तब अंग्रेजी बोले! नीचे होटल से खाना उन्हीं को लाना था। हमने कहा—अब इन्हें मत भेजो। ये अंग्रेजी बोलने लगे। पर उनकी चेतना का विस्तार जरा ज्यादा ही हो गया था। कहने लगे—नो सर, नो सर, आई शैल ब्रिंग ब्यूटीफुल मुर्गा। 'अंग्रेजी' भाषा का कमाल देखिए। थोड़ी ही पढ़ी है, मगर खाने की चीज को 'खूबसूरत' कह रहे हैं। जो भी खूबसूरत दिखा, उसे खा गए। यह भाषा रूप में भी स्वाद देखती है। रूप देखकर उल्लास नहीं होता, जीभ में पानी आने लगता है। ऐसी भाषा साम्राज्यवाद के बड़े काम की होती है। कहा—'इंडिया इज ए ब्यूटिफुल कंट्री।' और छुरी-काँटे से इंडिया को खाने लगे। जब आधा खा चुके, तब देशी खानेवालों ने कहा, अगर इंडिया इतना खूबसूरत है, तो बाकी हमें खा लेने दो। तुमने 'इंडिया' खा लिया। बाकी बचा 'भारत' हमें खाने दो। अंग्रेज ने कहा—'अच्छा, हमें दस्त लगने लगे हैं। हम तो जाते हैं। तुम खाते रहना।' यह बातचीत 1947 में हुई थी। हम लोगों ने कहा—अहिंसक क्रान्ति हो गई। बाहरवालों ने कहा—यह ट्रांसफर ऑफ पावर है—सत्ता का हस्तांतरण। मगर सच पूछो तो यह 'ट्रांसफर ऑफ डिश' हुआ—थाली उनके सामने से इनके सामने आ गई। वे देश को पश्चिमी सभ्यता के सलाद के साथ खाते थे। ये जनतंत्र के अचार के साथ खाते हैं।

फिर राजनीति आ गई। छोड़िए। बात शराब की हो रही थी। इसके सम्बन्ध में जो शिक्षाप्रद बातें ऊपर कही हैं, उन पर कोई अमल करेगा, तो अपनी 'रिस्क'

पर। 'नुकसान' की जिम्मेदार कम्पनी नहीं होगी। मगर बात शराब की भी नहीं, उस पवित्र आदमी की हो रही थी, जो मेरे सामने बैठा किसी के दुराचार पर चिन्तित था।

मैं चिन्तित नहीं था, इसलिए वह नाराज और दुखी था।

मुझे शामिल किए बिना यह मानेगा नहीं। वह शराब से स्त्री पर आ गया, "और वह जो है न, अमुक स्त्री से उसके अनैतिक सम्बन्ध हैं।"

मैंने कहा, "हाँ, यह बड़ी खराब बात है!"

उसका चेहरा अब खिल गया। बोला, "है न?"

मैंने कहा, "हाँ, खराब बात यह है कि उस स्त्री से अपना सम्बन्ध नहीं है।"

वह मुझसे बिलकुल निराश हो गया। सोचता होगा, कैसा पत्थर है यह आदमी कि इतने ऊँचे दर्जे के 'स्कैंडल' में भी दिलचस्पी नहीं ले रहा। वह उठ गया। और मैं सोचता रहा, कि लोग समझते हैं कि हम खिड़की हवा और रोशनी के लिए बनवाते हैं, मगर वास्तव में खिड़की अन्दर झाँकने के लिए होती है।

कितने लोग हैं जो 'चरित्रहीन' होने की इच्छा मन में पाले रहते हैं, मगर हो नहीं सकते और निरे 'चरित्रवान' होकर मर जाते हैं। आत्मा को परलोक में भी चैन नहीं मिलता होगा और वह पृथ्वी पर लोगों के घरों में झाँककर देखती होगी कि किसका किससे सम्बन्ध चल रहा है।

किसी स्त्री और पुरुष के सम्बन्ध में बात अखरती है, वह अनैतिकता नहीं है, बल्कि यह है कि हाय, उसकी जगह हम नहीं हुए। ऐसे लोग मुझे चुंगी के दरोगा मालूम होते हैं। हर आते-जाते ठेले को रोककर झाँककर पूछते हैं—तेरे भीतर क्या छिपा है?

एक स्त्री के पिता के पास हितकारी लोग जाकर सलाह देते हैं—उस आदमी को घर मत आने दिया करिए। वह चरित्रहीन है।

वे बेचारे वास्तव में शिकायत करते हैं कि पिताजी, आपकी बेटी हमें 'चरित्रहीन' होने का चांस नहीं दे रही है। उसे डाँटिए न कि हमें भी थोड़ा चरित्रहीन हो लेने दे।

जिस आदमी की स्त्री-सम्बन्धी कलंक-कथा वह कह रहा था, वह भला आदमी है—ईमानदार, सच्चा, दयालु, त्यागी, वह धोखा नहीं करता,

कालाबाजारी नहीं करता, किसी को ठगता नहीं है, घूस नहीं खाता, किसी का बुरा नहीं करता।

एक स्त्री से उसकी मित्रता है। इससे वह आदमी बुरा और अनैतिक हो गया।

बड़ा सरल हिसाब है अपने यहाँ आदमी के बारे में निर्णय लेने का। कभी सवाल उठा होगा समाज के नीतिवानों के बीच कि नैतिक-अनैतिक, अच्छे और बुरे आदमी का निर्णय कैसे किया जाए। वे परेशान होंगे। बहुत-सी बातों पर आदमी के बारे में विचार करना पड़ता है, तब निर्णय होता है। तब उन्होंने कहा होगा—ज्यादा झंझट में मत पड़ो। मामला सरल कर लो। सारी नैतिकता समेटकर टाँगों के बीच में रख लो।

न्याय का दरवाजा

मुहावरे उलटे पड़ने लगे।

मुहावरे के मुताबिक झूठ का पर्दा उठाओ, तो सत्य नंगा बैठा दिखता है। सत्य को झूठ से ज्यादा शर्म आती है।

न्याय का दरवाजा भी अभी खटखटाया और इस मुहावरे को भी उलटा पाया। कुछ गरीब आदमियों पर झूठा फौजदारी मुकदमा चला दिया गया था। हमने उनकी तरफ से न्याय का दरवाजा खटखटाया। खयाल था, न्याय दरवाजे के पास ही ड्यूटी पर बैठा रहता होगा। खटखटाया कि बाहर आया। बड़ी देर तक खटखटाने के बाद भी जब दरवाजा नहीं खुला तो चिन्ता हुई। क्या बात है? कहीं न्याय 'सिक लीव' (बीमारी की छुट्टी) पर तो नहीं चला गया? बूढ़ा हो गया है और अकसर बीमार हो जाता है।

न्याय का दरवाजा

आखिर हम दरवाजा तोड़कर भीतर घुस गए। सुनसान था। बाथरूम का दरवाजा ठेला, तो एक नंगा नहाते दिखा।

हमने कहा—तुम न्याय हो न! जल्दी कपड़े पहनो। बात करनी है।

उसने कहा—मैं न्याय नहीं, अन्याय हूँ। नंगा ही रहता हूँ। अन्याय को क्या शर्म, न्याय और मैं जुड़वाँ भाई हैं। एक-सी शक्ल है। लोग उसके धोखे में मुझसे मिल लेते हैं।

हमने पूछा—दोनों में कुछ फर्क तो होगा।

उसने कहा—हाँ, है। देखो न, मैं ऐंचकताना हूँ। तुम समझते हो किसी और को देख रहा हूँ, पर देख तुम्हीं को रहा हूँ। मेरा भाई न्याय काना है। एक ही तरफ देखता है। अब वह बहरा भी हो गया है।

हमने कहा—तो फिर खटखटाने पर दरवाजा कौन खोलता है?

उसने कहा—मैं खोलता हूँ। यही तो मजा है। लोग मुझे न्याय समझ लेते हैं।

हमने पूछा—तुम दोनों भाई किसके बेटे हो?

उसने कहा—'एविडेंस ऐक्ट' हमारा बाप है और 'इंडियन पेनल कोड' माँ है।

हमने कहा—हमें तो न्याय से मिलना है। वह कहाँ है?

उसने कहा—अभी पिछले दरवाजे से पुलिस कोतवाली गया है। आता ही होगा।

अच्छा, क्या खलील जिब्रान बनने की कोशिश कर रहे हो? नहीं, न्याय निवास की पोल खोल रहा हूँ। न्याय का दरवाजा खटखटाने वालो, तुम आगे का दरवाजा खटखटाते हो और वह पिछले दरवाजे से पुलिस से हिदायतें लेने चला जाता है। न्याय बहरा है। खटखटाहट सुन ही नहीं सकता। वह जो एक ऐंचकताना दरवाजा खोलता है, अन्याय है। महज दरवाजा खटखटाने से जो मिलता है, वह अक्सर अन्याय होता है। दरवाजा तोड़े बिना न्याय नहीं मिलता।

अच्छा, अब क्या नक्सलपंथी बनने की कोशिश कर रहे हो? नहीं, यह खिताब बिना कोशिश के चिपक जाता है। अभी मैंने अखबार से लिख दिया कि पुलिस ने छात्रावास में घुसकर बेकसूर लड़कों को क्यों पीटा, तो बात चल पड़ी कि यह भी नक्सलपंथी हो गया। खटमल काटता है तो भी लगता है, यह नक्सलपंथी की बदमाशी है। बच्चा दूध के लिए रोता है, तो बाप उसकी माँ से

कहता है—'उसे दूध मत पिलाना। वह भूखा नहीं है। नक्सलवादी हो गया है और आतंक पैदा कर रहा है।'

पोल तो सत्य की भी जब-तब खुल जाती है। भगवान को साक्षी करके अदालतों में जितना झूठ बोला जाता है, उतना भगवान की पीठ पीछे नहीं। आदमी ढीठ हो गया है और सत्यनारायण के सामने झूठ सुनने का शौक बढ़ गया है। धर्म अच्छे को डरपोक और बुरे को निडर बनाता है। झूठ जरा-से पवित्र सहारे से चढ़कर सत्य की बर्थ पर लेट जाता है—वह सहारा गंगाजी हो, जनेऊ हो, धर्म हो, ईश्वर हो।

यह जो आदमी गवाह के कठघरे में खड़ा है, भगवान को साक्षी बना चुका है—प्रभु, आओ, मैं आपके सामने झूठ बोलने को उत्सुक हूँ। वह पढ़ा-लिखा, सभ्य, सुन्दर आदमी है। पुलिस को जब ऐसा आदमी झूठी गवाही देने के लिए मिल जाता है, तो पुलिस-लाइन के हनुमान के सामने नारियल फोड़ा जाता है। हनुमान का भी कमाल है। यह कई तरह का होता है—'दुश्मन फटकार हनुमान', 'संकट मोचन हनुमान', 'पुलिस महावीर' और पूना में वेश्याओं के मुहल्ले में जो हनुमान है, उसका नाम है—'छिनाल मारुति'। यह जो हिन्दुस्तानी आदमी है, अद्‌भुत है। इसके पास छिनाल मारुति भी है और हिजड़ों की मसजिद भी। बात हनुमान की नहीं, झूठे गवाह की थी। इंस्पेक्टर उसे बरामदे में इस शान से लिए फिर रहा था, जैसे सत्यवादी हरिश्चन्द्र को झूठी गवाही के लिए पकड़ लाया हो।

गवाह पूरी कोशिश, सच्चा दिखने की कर रहा है। अगर ठीक ढंग से झूठ बोल गया तो वह सच मान लिया जाएगा। ठीक ढंग से बोले गए झूठ को सत्य कहते हैं। वह आत्मविश्वास बटोरकर चारों तरफ देखता है। आत्मविश्वासपूर्ण झूठ सत्य माना जाता है। आत्मविश्वासहीन सत्य भी झूठ हो जाता है। सत्य दिखने के लिए झूठ को 'मेकप' भी चाहिए। उसने चेहरे पर स्नो-पाउडर मल रखा है। वह बढ़िया सूट पहने है। आखिर सत्य क्या है? बढ़िया कपड़े पहने हुए झूठ।

उसका मुँह देखता हूँ। होंठ ज्यादा फटे हैं। दाँत बाहर निकलने को हमेशा तत्पर रहते हैं। झूठे और बक्की आदमी का मुँह ऐसा हो जाता है। झूठे दो तरह के होते हैं—चुप्पा और भड़भड़िया। चुप्पा परिपक्व झूठा होता है। वह एक-दो वाक्यों में झूठ जमा देता है। भड़भड़िया सोचता है, अभी झूठ जमा नहीं। इसलिए वह उसके समर्थन में आठ-दस वाक्य भड़भड़ाकर बोल जाता है। इस धक्के से

जबड़े फैलते जाते हैं। इसके जबड़े इसी तरह फैल गए हैं। इसका मुँह पके फोड़े की तरह है, जिसमें झूठ का मवाद भरा है। जरा छेड़ने से मवाद बह निकलेगा।

वह खाँसकर गला साफ करता है। रूमाल मुँह पर फेरता है। लगता है, गवाही देने नहीं आया, न्याय की बेटी को ब्याहने दूल्हा बनकर आया है।

सरकारी वकील सधे-सधाए सवाल पूछता है और वह सधे-सधाए जवाब देता है। उसने अमुक आदमी को मृतक को लाठी मारते देखा था।

उसे लाठी दिखाई गई, जिसे उसने किसी पुराने दोस्त की तरह पहचान लिया।

उसे एक पत्थर का टुकड़ा दिखाया गया। उसने पत्थर भी पहचान लिया—यही वह पत्थर है, जो वहाँ पड़ा था।

मैंने बगल में खड़े वकील दोस्त से कहा—यार, यह क्या अँधेर है। यह किसी पत्थर के टुकड़े को कैसे पहचान लेगा?

उसने कहा—चुप रहो, एविडेन्स ऐक्ट के मुताबिक ठीक है।

गवाह को खून-लगी मिट्टी दिखाई गई। उसने मिट्टी को भी पहचान लिया।

मैंने वकील दोस्त से कहा—यह तो और बड़ा अचरज है। इसने मिट्टी को भी पहचान लिया। उसने कहा—चुप्प, एविडेन्स ऐक्ट!

मैंने सोचा—अब वकील इसे शीशी में बन्द एक मक्खी दिखाएगा। पूछेगा—इस मक्खी को पहचानते हो? गवाह कहेगा—यह वही मक्खी है, जो मारपीट के वक्त वहाँ भनभना रही थी। मैंने पहचान लिया। इसकी शक्ल मेरी माँ से मिलती है।

एविडेन्स ऐक्ट! इसका कमाल है।

हरिश्चन्द्र ने जिस ब्राह्मण को सपने में दान दिया था, उसे अगर जायदाद पर कब्जे के लिए अदालत जाना पड़ता, तो वह भी दो-चार चश्मदीद गवाह खड़े कर देता। वे कहते—हमारे सामने इस विप्र को राजा हरिश्चन्द्र ने दान दिया था। वकील पूछता—उस वक्त तुम कहाँ थे? वे कहते—हम भी राजा साहब के सपने में ही थे।

बचाव पक्ष का वकील 'क्रॉस एक्जामिनेशन' के लिए खड़ा हुआ। यह भयंकर चीज है। एक बार मेरे भी पलस्तर उखड़ चुके हैं। मैं सच बोल रहा था, पर वकील ने दो मिनट में मेरे सत्य को पसीना ला दिया था।

शिकायत मुझे भी है

गवाह तैयार होता है। मुँह पोंछता है। फेफड़ों में ऑक्सीजन भरता है।

वकील पूछता है—वारदात की जगह से तुम कितनी दूर थे?

वह मुँह खोलता ही है कि वकील कहता है—जल्दी नहीं। सोचकर बोलो।

'सोचकर बोलो'—यह सुझाव गवाह को गड़बड़ा देता है। उसे लगता है, जितना सरल मामला वह समझता है, उतना है नहीं। सवाल कठिन है। सोचना चाहिए।

वह सरकारी वकील को अभी अपनी दूरी दस कदम बता चुका है।

अब सोचकर बोलता है—दस-पन्द्रह कदम दूर था।

वकील—अच्छा, दस-पन्द्रह कदम पर थे?

गवाह—हाँ, यही पन्द्रह-बीस कदम।

वकील—तो पन्द्रह-बीस कदम दूर खड़े थे।

गवाह—हाँ, बीस-पच्चीस कदम समझ लीजिए।

तीन सवालों में वह पन्द्रह कदम पीछे हट गया। अगर वकील सवाल करता जाता, तो वह वारदात की जगह से पाँच मील दूर भी हो जाता। पर वह खुश है कि उसने वकील को 'कन्फ्यूज' कर दिया।

—तुम मौके पर कितने बजे पहुँचे?

—जल्दी नहीं। सोचकर बोलो।

—डेढ़-दो बजे।

—अच्छा, डेढ़-दो बजे पहुँचे।

—हाँ, यही दो-ढाई बजे।

—अच्छा, दो-ढाई बजे तुम वहाँ पहुँचे थे।

—हाँ, यही ढाई-तीन बजे समझ लीजिए।

—मृतक की उम्र कितनी थी?

—पच्चीस-तीस साल।

—अच्छा, वह पच्चीस-तीस साल का था।

—हाँ, तीस-पैंतीस साल का रहा होगा।

—याने उसकी उम्र तीस-पैंतीस साल थी।

—हाँ, यही पैंतीस-चालीस साल की होगी।

कई दिन लगातार मैं साक्ष्य का यह खेल देखता रहा। मैं हैरान कि बाहर तो सच्चा आदमी ढूँढ़े नहीं मिलता, मगर अदालत में इतने सच्चे किन अनजान कोनों

से निकलकर इकट्ठे हो जाते हैं। झूठ बोलने के लिए सबसे सुरक्षित जगह अदालत है। वहाँ सुरक्षा के लिए भगवान और न्यायाधीश हाजिर होते हैं।

मेरा वकील दोस्त कहता है—यह सब कानून के मुताबिक है। अगर न्यायाधीश साक्ष्य पर विश्वास करता है, तो फाँसी। अगर नहीं करता, तो रिहाई।

साक्ष्य एक ही है, मगर उसी से आदमी को फाँसी हो सकती है, और उसी से छूट भी सकता है। उसी साक्ष्य के आधार पर एक न्यायाधीश आदमी को फाँसी के लायक समझता है और दूसरा उसे निर्दोष।

वकील दोस्त से कहता हूँ—आदमी के इस न्याय को मशीन ज्यादा दिन बरदाश्त नहीं करेगी। किसी दिन यहाँ न्यायालय की जगह बड़ा कम्प्यूटर होगा। उसमें तुम वकील, गवाह, न्यायाधीश सब डाल दिए जाओगे। कम्प्यूटर चलेगा और तुममें से किसी के चमड़े पर फैसला अंकित होकर आ जाएगा।

ये तीन-चार लोग जो झूठे फँसाए गए हैं, सड़क के किनारे टाट और टट्टे की झोंपड़ी बनाकर रहते हैं। इन्होंने फाँसी पर टँगने के लिए पैसे भी खर्च किए हैं—वकील लगाए हैं, पुलिस को पैसा खिलाया है।

सिर्फ यह नहीं है, कि ईसा अपना सलीब खुद ढो रहा है या सूली पर टँगा है। ईसा को अपने पाँवों पर अपने हाथों से कील ठोकने को मजबूर किया जा रहा है और वह कह रहा है—पिता, इन्हें हरगिज माफ मत करना, क्योंकि ये साले जानते हैं, ये क्या कर रहे हैं।

राम की लुगाई और गरीब की लुगाई

कबीरदास अपने को राम की लुगाई कहते थे। हम गरीब की लुगाई हैं। वह राम की लुगाई सबको छेड़ती रही, उसे छेड़ने की किसी की हिम्मत नहीं पड़ी। बड़े की लुगाई का यही रुतबा होता है। मगर गरीब की लुगाई, कहावत के मुताबिक, सबकी भौजाई होती है। उसे कोई भी बेखटके छेड़ लेता है, कोई भी उससे चुहल कर लेता है।

हम तो गरीब की लुगाई हैं। कोई भी हमें छेड़ लेता है। कोई भी रास्ते में या घर या पराए घर पकड़कर किसी भी तरह का काम करवा लेता है—तबादला, नियुक्ति, तरक्की, झूठा सर्टिफिकेट दिलाना, ऑक्ट्राय बचाना, परमिट दिलाना, इलाज कराना, प्रेम करवाना, फिर अदालत ले जाना, 'बिरदा' की शादी लगाना और 'वाइफ' के नम्बर बढ़वाना, कॉलेज में भर्ती करवाना, फिर पेपर आउट

करवाना—तरह-तरह की छेड़खानी। हम आनाकानी नहीं करते, क्योंकि शुरू से, जब और लोग लेखक बनने के लिए नाक की प्लास्टिक सर्जरी करवा रहे थे, हम गरीब की लुगाई बनते गए।

अभी-अभी जो छेड़ने आए थे, हिन्दी के सरकारी अध्यापक हैं। उनकी पत्नी दूसरे शहर में अध्यापिका है। डिपार्टमेन्ट निर्दय है। न उसका तबादला यहाँ करता, न इनका वहाँ—और ये मेघ सिर पर से निकले जा रहे हैं। मगर सरकार के मंसूबे रहस्यमय होते हैं। हिन्दी अध्यापक को प्रिया से दूर रखकर शायद वह वियोग शृंगार का काव्य लिखवाना चाहती है। अकविता वालों के कारण शृंगार रस का दिवाला पिट गया है। शृंगार रस को स्टेट सेक्टर में लेना ही पड़ेगा। वीभत्स रस अभी प्राइवेट सेक्टर में ही पड़ा रहने दो। उसका उत्पादन लक्ष्य से ऊपर ही जा रहा है। अध्यापक ने इस मौसम में एक गीत लिखा है। उस दिन गोष्ठी में गाया था—'फिर किसी की याद आई'। इधर कविता में 'खुलासावाद' चला हुआ है और यह 'किसी की' का पर्दा डालता है। लेखक लड़की से प्रेम करते हैं और फिर उसके प्रेमपत्र छपवाकर 'ब्लैकमेल' करते हैं। 'ब्लैकमेल' को आजकल विद्रोह भी कहते हैं। इसकी पत्नी इस कविता को सुनेगी, तो पूछेगी—यह कौन चुड़ैल है? यह घबराकर कहेगा—तुम्हीं हो। वह कहेगी—फिर मेरा खुलासा नाम बनमाला क्यों नहीं लिया? कवि समझाएगा—बनमाला में मात्रा ज्यादा हैं न! गतिभंग भी हो जाता।

ईमान और मात्रा में चुनाव करना पड़े तो हम मात्रा चुन लेते हैं। मात्रा बराबर हो, ईमान भाड़ में जाए। इस देश का दुर्भाग्य यह है कि सदियों से यह मात्रा, गति और यति को ठीक रखने में लगा हुआ है। परिवर्तन का आवेग उठता है तो यह फौरन उसे मात्रा, गति और यति में बाँध लेता है। रीति तोड़ना यह जानता ही नहीं है। आज भी कौम के रहनुमा कहते हैं, क्रान्ति तो होनी ही चाहिए, पर मात्रा, गति और यति न टूटे।

काजी जी वैसे ही बहुत दुबले हैं। देश के अन्देशे में तो मर ही जाएँगे। मैं तो इस अध्यापक से कहना चाहता था—अभागे, ये भादों की रातें और कुल एक गीत! अरे, महाकाव्य लिख! अभी तो नहीं क्या 'मेघदूत' तू तब लिखेगा, जब यह हेडमास्टरनी हो जाएगी! हेडमास्टरनी 'विनय पत्रिका' लिखवाती है—'कबहुँक अम्ब अवसर पाई। मेरिओ सुधि द्याइबी कुछ करुण कथा चलाई।'

गरीब की लुगाई के पास कुछ खास किस्म के मनचले आते हैं। एक वह जो कुर्सी पर मुँह लटकाकर बैठ जाता है। पूछता हूँ तो उँगलियों को उलझाता-सुलझाता भरे गले से कहता है—'बस्तर में फेंक दिया है।' भोपाल या इन्दौर या

जबलपुर में पोस्टिंग हो, तो वह 'तबादला' कहलाता है। बस्तर में 'तबादला' हो, तो वह 'फेंक देना' कहलाता है—जैसे शासन ने गुलेल में रखा और जो फेंका तो कर्मचारी बस्तर में गिरा। झाबुआ को तबादला हो तो कर्मचारी कहता है—'झाबुआ में डाल दिया है।' जैसे सरकार का छिनाले से जो बच्चा हुआ, उसे लोगों की नजर से बचाकर चुपचाप झाबुआ में डाल आई। मैं बस्तर में फेंके गए और झाबुआ में डाले गए से कहता हूँ—कोई तो वहाँ फेंका या डाला जाएगा ही। या फिर उधर के स्कूल, अस्पताल, दफ्तर सब बन्द कर दिए जाएँ। फेंके और डाले गए कहते हैं—जिसका 'सोर्स' (जरिया) होता है, उसे वहाँ नहीं भेजा जाता।

सारा मामला 'सोर्स' का है। यह गरीब की लुगाई 'सोर्स' है, जो बस्तर और झाबुआ से आदमी को खींचे लाती है।

ये तो बेचारे मुसीबतजदा लोग होते हैं। मगर गरीब की लुगाई के पास ऐसे छैला भी आते हैं, जिन्हें कोई कष्ट नहीं है, पर जिनकी तकलीफ यह है कि दुनिया के सारे लाभ उन्हें क्यों नहीं मिल रहे हैं। हर फायदे के लिए वे 'सोर्स' ढूँढ़ते फिरते हैं। उस दिन विश्वविद्यालय के एक डीन से वह बात कर रहा था। उसने मुझे पहचाना ही नहीं—वह बड़े आदमी से बात कर रहा था और मैं था छोटा आदमी। बाद में जब उसे पता लगा कि डीन मेरे दोस्त हैं, तो मैं छोटे आदमी से एकदम 'सोर्स' हो गया। वे सुबह घर पधार गए—दर्शनार्थ! वे भेड़ाघाट देख आए थे। मैं रह गया था। इधर दो ही चीजें देखने लायक हैं—भेड़ाघाट का जल-प्रपात और मैं मनुष्य-प्रताप। कहने लगे, हम तो बस आपको पढ़ते हैं। बड़ा आनन्द आता है। साहित्य के दाँव से मैं बहुत पछाड़ खा चुका हूँ। अब साहित्य के नाम से कोई काम कराना चाहे, तो मैं भरसक उसका काम बिगाड़ने की कोशिश करता हूँ। खबरदार!

वे दूसरे शहर में रहते हैं। हर साल 'सोर्स' ढूँढ़ने भारत-दर्शन पर निकल पड़ते हैं। कहते हैं—उधर का कोई काम हो तो बताइए। मेरा इधर का ही कोई काम नहीं है, उधर का क्या बताऊँ? वे बार-बार उधर का काम पूछते हैं और मैं इन्तजार कर रहा हूँ कि ये कब अपना इधर का काम बताते हैं।

यह एक 'टाइप' है। यह बड़ा हिसाबी जमा हुआ, संयमित आदमी होता है। उससे कभी कोई अनियमितता, अतिरेक या साहसिकता नहीं होती। जिससे कभी अतिरेक न हो, वह भी क्या आदमी है! सावधान, व्यवस्थित, नियमबद्ध आदमी होता है। उठना, बैठना, सोना, खाना, पीना, सम्बन्ध बनाना—सब नियम से होते

हैं। पूरी जिन्दगी कसे हुए काट देता है। मरने के बाद भगवान इससे पूछेंगे—तुम्हारे जीवन की विशिष्ट उपलब्धि क्या है? यह जवाब देगा—सर, मैं हर विश्वविद्यालय के पेपर पाता रहा। भगवान पूछेंगे—और?

यह सोचकर जवाब देगा—और सर, समय पर पाखाना जाता रहा।

यह सोर्स वाली भुगतान सबको भुगतनी पड़ती है। सोर्स के पास मुझे कभी-कभी जाना पड़ता है। अभी एक डिप्टी-कलेक्टर के पास एक मामूली और जायज काम के लिए गया था। यह क्या बात है कि जायज काम कराने जाओ तो भी लगता है नाजायज काम है, जो सोर्स बिना नहीं होगा। जायज और नाजायज का भेद ही मिटा दिया गया है। जिस देश में जायज काम भी न हो सके, उसमें सारे ही काम नाजायज हैं। उनके लिए 'सोर्स' चाहिए। इतनी सोर्स-प्रेमी जाति दुनिया में और कोई नहीं है।

डिप्टी कलेक्टर और मेरे उपनाम ऐसे हैं जो होशंगाबाद और खंडवा जिलों में ही होते हैं। मूल वही है। मैंने कहा—आप भी हरदा-टिभरनी के हैं? आँखें उनकी चमकीं। बोले—आप भी तो वहीं के हैं। मैं तो नाम से ही समझ गया था। मैंने 'सोर्स' के रूप में उनकी कीमत जाँची और उन्होंने भविष्य के कामों के लिए मेरी। तब घोर वात्सल्य का वातावरण बना। लगा, मैं उनकी माँ हूँ और वे मेरी माँ हैं और दोनों के स्तन से दूध की धार उमड़कर दोनों के मुँह में गिर रही है।

राष्ट्रीय पक्षी मोर है, राष्ट्रीय पशु शेर। यों इन पदों पर कौआ और सूअर का क्लेम था, पर मोर और शेर ने सोर्स भिड़ा लिया। राष्ट्रीय फूल कमल है और राष्ट्रीय फल आम (कद्दू क्यों नहीं?) मगर राष्ट्रीय पुरुष कौन? यानी ऐसा पुरुष, जिसमें इस जाति का प्रतिनिधि और सर्वव्यापी गुण हो।

मैंने इस राष्ट्रीय पुरुष की कल्पना की है। यह राष्ट्रीय पुरुष कपाल पर सोर्सों की लिस्ट चिपकाए हर दफ्तर के सामने खड़ा होकर चिक उठाकर भीतर झाँकता है।

यह राष्ट्रीय पुरुष वन में चिन्तन करते बुद्ध को मिला होगा। पूछा होगा—महाराज, क्या सोच रहे हो? बुद्ध ने कहा होगा—सोच रहा हूँ कि मनुष्य का जीवन दुःखमय है। दुःख से छुटकारा कैसे मिले? राष्ट्रीय पुरुष ने कहा होगा—बिलकुल ठीक सोच रहे हो, महाराज। देखिए न, मेरा प्रमोशन रुका है और मेरा जीवन दुःखमय है। दुःख से छुटकारा हो सकता है, अगर आप एक चिट्ठी अपने पिताजी के लिए लिख दें। ठीक लाइन पकड़ी है आपने। इसी लाइन पर चलते जाइए।

शिकायत मुझे भी है

राष्ट्रीय पुरुष राम को भी वन में मिला होगा। कहा होगा—महाराज, अपनी हवेली बन रही है। जरा जंगल साहब से कह दीजिए न, थोड़ी लकड़ी काट लेने दें।

राष्ट्रीय पुरुष सोर्स ढूँढ़ता और चिक उठाता घूम रहा है। मंत्री से लाइसेंस लेता है, कलेक्टर से मकान एलाट कराता है, फूड अफसर से शक्कर का परमिट ले लेता है, प्रोफेसर से लड़के के नम्बर बढ़वाता है, प्रिंसिपल से भर्ती करवाता है, पुलिस अफसर से मामला उठवाता है, नजूल अफसर से जमीन लेता है, विधायक से सिफारिश करवाता है।

राष्ट्रीय पुरुष किसी की शवयात्रा में मरघट जाता है। वहाँ शवदाह के लिए कॉर्पोरेशन की तरफ से इन्तजाम है। सैकड़ों मन लकड़ी पड़ी है, जिसे खरीदकर मुर्दा जलाया जाता है। मरघट का इंचार्ज है—रामदीन।

राष्ट्रीय पुरुष पहचान लेता है—अरे रामदीन, तुम इधर?

रामदीन कहता है—हाँ, इधर की ही ड्यूटी है।

राष्ट्रीय पुरुष कहता है—सैकड़ों मन लकड़ी पड़ी है। इसमें से दो-चार मन चली भी जाए तो कौन देखता है!

रामदीन चुप रहता है।

राष्ट्रीय पुरुष सोचता है। उसके चेहरे पर चमक आती है। कहता है—यार रामदीन, एक दिन मरना तो है ही। बाद में मरकर आया और तू नहीं हुआ तो लकड़ी की कीमत लग जाएगी। तू तो मुझे अभी जला दे।

राष्ट्रीय पुरुष को मरघट में 'सोर्स' मिल गया तो मुफ्त की लकड़ी में जिन्दा जल मरे।

एक और जन्म-दिन

बहुत छिपाते-छिपाते भी आखिर जन्म-तिथि खुल गई।

कुछ भी नहीं छिपता। कबीरदास ने अपने को 'काशी का जुलाहा' घोषित करके और जिन्दगी-भर जात-पाँत के खिलाफ लड़ाई ठानकर अपनी सच्ची जाति छिपाने की कोशिश की, पर लोगों ने पता लगाकर हर पाठ्य-पुस्तक में लिख दिया—अरे, इस कबीरदास का मामला तो बहुत ही गड़बड़ था। वह विधवा ब्राह्मणी की अवैध सन्तान था, जिसे नीरू जुलाहे ने पाला था। कबीर की पोल खोल दी साहित्य के जिज्ञासुओं ने। इन्हें यह अनुमान और लगाना था कि अगर कबीर विधवा जुलाहिन के बेटे होते, तो कोई ब्राह्मण उन्हें पालता या नहीं। मेरा खयाल है, नहीं पालता। ब्राह्मण किसी को नहीं पालता। वह खुद ही पलता है। बेचारे कबीर ने आत्मरक्षा के लिए ही कहा था—जात न पूछो साधु की, पूछ

लीजिए ज्ञान। मगर साधु की पहले जात ही पूछी जाती है। वशिष्ठ ने अगर विश्वामित्र की जात न पूछी होती, तो कितने उपद्रव बच जाते।

वोट देनेवाले से लेकर साहित्य-मर्मज्ञ तक जाति का पता पहले लगाते हैं। लेखक के बारे में कहा जाता है—वे कान्यकुब्ज ब्राह्मण थे। जो उन्हें सरयूपारीण कहते हैं, वे भारतीय जनता के साथ धोखा करते हैं।...तुलसीदास सनाढ्य ब्राह्मण थे। सनाढ्य जाति गुणाढ्य है। उन्हें कान्यकुब्ज कहना साहित्य के साथ बेईमानी है। ऐसे बेईमानों को साहित्य के शाप से कोढ़ होगा।

कबीर की जाति नहीं छिपी, तो हमारी जन्म-तिथि कैसे छिपती! हमारी पीढ़ी के बुरे दिन आ गए। उसकी जन्म-पत्री की खोज होने लगी। जन्म-दिन की शुभकामना से यह दुष्चक्र शुरू होता है, आगे जन्म-दिन मनाया जाता है और फिर पत्थर का देवता बनाकर बिठा दिया जाता है। अपनी पीढ़ी के लोगों से कहता हूँ, कि जब तक तुम उचक्कापन करते रहोगे, तब तक इस दुर्गति से बचते रहोगे। जहाँ संजीदा हुए कि तुम्हारा जन्म-दिन मना लिया जाएगा!

लेखक या नेता की जन्म-तिथि का प्रचार हो जाए, तो लोगों को कर्तव्य पुकारने लगता है। लोगो, पाठको, अब तो कुछ शर्म खाओ। उस लेखक की जन्म-तिथि तुम्हें मालूम है, फिर भी तुम साहित्य के प्रति अपने दायित्व का निर्वाह नहीं कर रहे हो।

मेरी जन्म-तिथि जन्ममास के पहलेवाले महीने में छपी थी। अगस्त के एक दिन सुबह कमरे में घुसा तो देखा, एक बन्धु बैठे हैं और कुछ सकुचा-से रहे हैं। और वक्त मिलते थे तो बेतकल्लुफी से हँसी-मजाक करते थे। उस दिन बहुत गम्भीर बैठे थे, जैसे कोई बुरी खबर लेकर आए हों। वे उठे, झोले में से गुलदस्ता निकाला और मेरी तरफ बढ़े। मैंने पूछा, "यह क्या मामला है!" वे बोले, "आपका जन्म-दिन है न!" मैंने कहा, "अच्छा, मुझे ध्यान ही नहीं था।" उन्होंने मन में कहा होगा—पाखंडी! रात-भर उत्सुकता में सोया नहीं होगा। कहता है, ध्यान नहीं था।

उनका गुलदस्ता देने का शायद पहला ही मौका था और मेरा लेने का। दोनों से नहीं बन रहा था। दोनों को अटपटा लग रहा था। बबूल की डाल को तो काँटे बचाकर लिया जा सकता है, मगर फूलों को बचाकर गुलदस्ता कैसे लिया जाए? इसके लिए अभ्यास चाहिए।

कुछ लोग इस अदा से गुलदस्ता लेते हैं, जैसे माँ के पेट में भी गुलदस्ता लेते रहे हों। एक नेता के बेटे को 'रेडीमेड' नेता होना था। वह सत्रह-अठारह साल

की उम्र में ही बूढ़ों की तरह गुलदस्ता लेने लगा था। कुछ मैंने ऐसे भी देखे हैं, जो गुलदस्ता इस तरह लेते हैं जैसे कुँजड़े की टोकरी से गोभी चुरा रहे हों। एक नेता गुलदस्ता ऐसे पकड़ते हैं, जैसे लट्ठ पकड़े हों। एक को मैंने हथेलियाँ खोलकर कथा के प्रसाद की तरह गुलदस्ता लेते देखा। एक और हैं जो गुलदस्ता लेकर उसे नाक में घुसेड़ने की कोशिश करते हैं। अभी तक तो वे सफल नहीं हुए पर नथुने चौड़े जरूर हो रहे हैं। ईश्वर ने चाहा और उन्हें गुलदस्ता देनेवाले बने रहे तो मरने के पहले वे जरूर गुलदस्ते को नाक में घुसेड़ लेंगे।

हम दोनों नौसिखुओं की अदाकारी शुरू हुई। दोनों मुस्कुराए। उन्होंने एक पाँव आगे बढ़ाया तो मैंने भी बढ़ा दिया। मैं झुका तो वे भी झुक गए। उन्होंने घुटना मोड़ा तो मैंने भी मोड़ लिया। मैंने गुलदस्ता ले लिया और हम दोनों बड़ी देर तक हें-हें-हें-हें करते रहे। उम्मीद है, अगले साल हम दोनों बेहतर अदाकारी करेंगे।

वे चले गए, पर मेरे मन में आग लगा गए। दिन-भर धड़कनों में गुजरा। नजर सड़क पर लगी रही। हर राहगीर को मैं बड़ी लालसा से देखता कि यह शुभकामना देने आ रहा है। वह आगे बढ़ जाता, तो सोचता, लौटकर आएगा। पोस्टमैन और तारवाले की राह देखता रहा। मगर शाम हो गई और कोई नहीं आया। गुलदस्ते का अपशकुन हो गया था। कुल एक तार और तीन चिट्ठियाँ आईं। जन्म-दिन को 'सीरियसली' नहीं लिया गया।

अगर मैं शुभकामनाओं पर जीनेवाला होता, तो मर ही गया होता। उन बेचारों की चिन्ता मैं समझता हूँ जो शुभकामना के बिना जी नहीं सकते। उस नेता का किस्सा सबने सुना होगा जो एक दिन अपना गला काट रहे थे। लोगों ने पूछा, तो उन्होंने कहा—ऐसे गले को क्या रखना जिसमें सात दिनों से माला न पड़ी हो। शुभचिन्तकों ने तुरन्त माला डालकर उनकी प्राणरक्षा की और फिर पन्द्रह रुपए महीने पर माला डालने के लिए माली लगा दिया। वह रोज उनके गले में माला डाल जाता। वे पूरी उम्र करके मरे।

इसी तरह बहुत लोग मर जाएँ अगर लोग उनसे जन्म-दिन पर न कहें कि आप और जिएँ। वे कहते हैं—वैसे तो कोई इरादा नहीं था, पर आपका आग्रह है तो एक साल और काट देते हैं। अगले साल आप जैसा कहेंगे, वैसा करेंगे। कुछ लोग सिर्फ इतना कह देते हैं कि आपके जाने में हमें कोई एतराज नहीं है। वे इसी प्रोत्साहन से इस तरह जीते हैं इनके जीने से ही दुनिया चल रही है। कुछ के जिन्दा होने का अहसास सिर्फ जन्म-दिन पर होता है।

शिकायत मुझे भी है

शाम को मैंने अपने पत्रकार दोस्तों से कहा, "तुम लोगों ने अपना कर्तव्य नहीं निबाहा। जन्म-दिन सूना चला गया।" वे बोले, "तुमने एकाध हफ्ता पहले कहा होता। बिना कहे थोड़े ही होता है। हमने तो मुर्दों के समारोह करा दिए हैं।"

मैंने दो-तीन संस्थाओं को ऐसे ही मौके के लिए साध रखा है। उन्होंने भी साथ नहीं दिया।

मैं समझ गया, ऐसे होता नहीं है। मुझे याद है, मैं एक संस्था का मंत्री था, तब एक दिन एक सज्जन अचानक मेरे पास आए और मेरे हाथ में एक कार्ड रख दिया। कार्ड मेरी ही संस्था की तरफ से उनका जन्म-दिन मनाने का था। 'विनीत' के नीचे मेरा नाम था। मुझे एकाएक अहसास हुआ कि वे जिन्दा हैं। उन्होंने मुझसे बिना पूछे ही मेरी तरफ से कार्ड छपाकर बँटवा दिए थे। कहने लगे, "आपको कष्ट न हो, इसलिए मैंने सब इंतजाम कर लिया है। अपने घर में ही समारोह रख लिया है। चाय-वाय का इंतजाम भी कर लिया है। आप तो बस उपस्थित हो जाना।" मुझे उपस्थित होना पड़ा। इतने पराक्रमी आदमी से कौन जीत सकता है। मैंने भाषण भी दिया, जिससे यह निष्कर्ष निकलता था कि अगर ये मर गए होते, तो धरा सूनी हो गई होती।

जन्म-दिन इस तरह मनवाए जाते हैं। हाथ पर हाथ धरे बैठनेवालों का कुछ नहीं होता। साहित्य और राजनीति के एक नेता को उनके चमचों ने अभिनन्दन ग्रन्थ भेंट करने की योजना बनाई थी। प्रथम परिपत्र यों शुरू हुआ था, 'अमुक जी अब सत्तर वर्ष के हो रहे हैं। इधर उनका स्वास्थ्य भी गिरता जा रहा है...' इसका मतलब था कि वे मरनेवाले हैं। मरने के पहले उन्हें अभिनन्दन ग्रन्थ दे दो। या यह कि 'सत्तर के हो गए, स्वास्थ्य भी खराब हो गया।' मगर मरने का कतई इरादा नहीं है। जब तक इन्हें अभिनन्दन ग्रन्थ न मिलेगा, ये मरेंगे नहीं। इसलिए जल्दी ही इन्हें अभिनन्दन ग्रन्थ देकर इनका मरना आसान बनाओ।

उम्र-प्रेमी समाज में निराश होने की जरूरत नहीं। उम्र बढ़ने पर सब हो जाएगा। यहाँ उम्र की बड़ी प्रतिष्ठा है। सिर्फ इसलिए आदर हो जाता है कि आदमी 'वयोवृद्ध' है। मगर सत्तर साल अगर उम्र है, तो यह उम्र किस चीज की है? अगर आदमी भला है, तो सत्तर साल की भलमनसाहत हुई। पर अगर बदमाश है तो उसकी बदमाशी ही 'वयोवृद्ध' हुई। सत्तर साल की वयोवृद्ध बदमाशी का

आदर कैसे किया जाएगा! उसकी तो निन्दा होनी चाहिए। कार्ड ऐसा छपना चाहिए—'अमुक की बदमाशी और पाखंड आगामी 17 मार्च को सत्तर साल के हो जाएँगे। इस अवसर पर एक निन्दा समारोह का आयोजन किया गया है, जिसमें भाषणों और गाली के सिवा, उन्हें जूते मारने का भी आयोजन किया गया है। आशा है, आप समारोह में शामिल होकर उसे सफल बनाएँगे। अगर आप जूता मारना चाहते हैं, तो कृपया हमें पहले सूचित कर दें, जिससे कार्यक्रम सुचारु रूप से चल सके।'

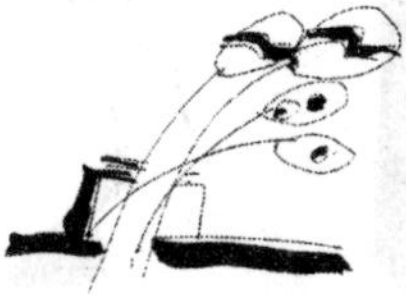

एक दीक्षांत भाषण

[विश्वविद्यालयों के दीक्षांत समारोहों का मौसम चल रहा है। एक विश्वविद्यालय में एक मंत्री का दीक्षांत भाषण मैंने भी सुना। भाषण ज्यों-का-त्यों यहाँ दे रहा हूँ। —ले.]

प्यारे विद्यार्थियो!

इस समारोह में छात्रों से ज्यादा पुलिस के सिपाही देखकर मेरा मन आनंदित हो उठा है। देखिए, सिर्फ बीस वर्षों में हमने कितनी प्रगति कर ली। दुनिया में बहुत पुराने विश्वविद्यालय होंगे, पर वहाँ भी एक छात्र के पीछे एक पुलिसमैन अभी तक नहीं हो पाया। शासन को तो इस प्रगति का श्रेय है ही, आप लोगों को भी कुछ श्रेय है। मैं तो उस दिन की कल्पना कर रहा हूँ, जब

आपमें से हर एक के बाथरूम में एक सिपाही होगा। अगर शासन और छात्रगण परस्पर सहयोग करते रहे और दोनों ने प्रयत्न किए, तो वह दिन दूर नहीं है जब उपकुलपति के आसन पर पुलिस थानेदार विराजमान होगा। आप इस दिशा में जो प्रगति कर रहे हैं, उसकी मैं प्रशंसा करता हूँ। शासन इस दिशा में जो करता है वह आप जानते ही हैं। विश्वविद्यालय और पुलिस को निकट लाने के लिए शासन पूर्ण प्रयत्न करेगा—यह आश्वासन मैं इस पवित्र अवसर पर आपको देता हूँ।

प्यारे छात्रो, आप तो अभी से हल्ला-गुल्ला और हूटिंग करने लगे। इतने उतावले मत होइए। मैंने अपनी सुविधा के लिए भाषण में हूटिंग के उपयुक्त कई स्थल रखे हैं। उन्हें आने दीजिए और तब मुक्त मुख से हूट कीजिए।

मैं आपको बतला दूँ कि मैं कोई विद्वान् या महापुरुष नहीं हूँ। प्रश्न उठता है कि फिर मैं दीक्षांत भाषण के लिए क्यों बुलाया गया। जवाब साफ है। मैं अगर इस बार भी नहीं बुलाया जाता तो ग्रांट रुकवा देता। तब आप लोगों का पढ़ना बन्द हो जाता। आपका भविष्य अंधकारमय न हो, यही सोचकर मैं दीक्षांत भाषण देने आ गया हूँ।

आप लोग फिर शोरगुल करने लगे। आप शायद हूटिंग के मूड में आ गए हैं। मैं इसका बुरा नहीं मानता। इससे तो अभ्यास ही बढ़ता है। हमें आजकल हर जगह हूटिंग का सामना करना पड़ता है। अपढ़ जनता की हूटिंग से मैं ऊब उठा हूँ। आप जैसे शिक्षित नवयुवक मुझे हूट कर रहे हैं, यह काफी रिफ्रेशिंग लग रहा है। फिर यह मेरे लिए गौरव की बात है कि इस वक्त जब मेरे साथी, दूसरे मंत्री गवर्नर लोगों के द्वारा हूट हो रहे होंगे, मैं एक विश्वविद्यालय में हूट हो रहा हूँ। इससे मेरा स्तर बढ़ता है।

शोरगुल, आवाजकशी और हूटिंग के मामले में मैं आप लोगों की क्षमता जानता हूँ। मैंने कोयल से पूछा था—बहन जी, आप पेड़ों पर बैठी क्या गाती हैं? उसने कहा—पहले मैं शहर में गाती थी, पर विश्वविद्यालय के लड़कों ने हूट करके भगा दिया। इसीलिए पेड़ पर बैठकर गाना पड़ता है।

मैं यह भी जानता हूँ कि मोर पहले शहर के स्टेज पर नृत्य करता था। पर आप लोगों ने कंकड़ मारकर उसे भी जंगल में भगा दिया। मैं जानता हूँ कि मेरी जगह अगर बृहस्पति भी भाषण देते होते, तो वे भी हूट कर दिए जाते। आपके उपकुलपति उन्हें आमंत्रित करके देखें। मैं दावे से कहता हूँ कि वे यहाँ आने से

इनकार कर देंगे। यह तो मेरा ही कलेजा है जो बोले जा रहा हूँ। मेरे साहस का कारण यह है कि मैं बृहस्पति की तरह ज्ञानी नहीं हूँ। ज्ञानी कायर होता है। अविद्या साहस की जननी है। आत्मविश्वास कई तरह का होता है—धन का, बल का, ज्ञान का। मगर मूर्खता का आत्मविश्वास सर्वोपरि होता है।

अब आप मंच पर कंकड़ फेंकने लगे हैं। मैं इस कार्यक्रम की तुलना जब पश्चिम के ऐसे ही कार्यक्रम से करता हूँ, तो मेरा मन भर उठता है। पश्चिम में ऐसे मौके पर अंडे फेंके जाते हैं, पर हाय! भारत माता के इन लोगों को कंकड़ फेंकना पड़ता है। वे अंडे नहीं खरीद सकते। देश की आर्थिक दुर्दशा का इससे बड़ा सबूत और क्या होगा कि हमारे होनहार नौजवान वक्त पर फेंकने के लिए अंडे नहीं खरीद सकते। पर मैं आपसे कहता हूँ कि निराश मत होइए। हम पर भरोसा रखिए। हम देश का विकास कर रहे हैं। आप जल्दी ही अंडे फेंक सकेंगे। मैं प्रतिज्ञा करता हूँ कि अपने जीवनकाल में आपसे नहीं, तो आपके लड़कों से अपने ऊपर अंडे जरूर फिंकवाऊँगा। इसके लिए चाहे मुझे सौ साल भी मंत्री क्यों न रहना पड़े।

युवा मित्रो, आपने ताली बजाने का एक स्थल खो दिया। खैर, आगे ध्यान रखिए। मैं देख रहा हूँ कि आपमें से कुछ लड़कियों के पीछे खड़े होकर बकरे की बोली बोल रहे हैं। मैं जानता हूँ, अच्छी लड़कियाँ जानवर की बोली बोलनेवाले युवक से ही प्रेम करती हैं। मेरा लड़का एक लड़की के पीछे कुत्ते की बोली बोलता था। वह इतनी मुग्ध हुई कि उससे प्रेम करने लगी। अब दोनों की शादी भी हो गई है। घर में मेरा लड़का 'भौं-भौं' करता है, तो बहू 'म्याऊँ' करती है। इससे परिवार का वातावरण सुखद रहता है।

युवको, देश को आपसे बड़ी आशाएँ हैं। देश का भविष्य आपको ही बनाना है। आप पूछेंगे—वर्तमान का क्या होगा? वर्तमान की चिन्ता आप न करें। वर्तमान को तो हम बिगाड़ रहे हैं। यदि हम वर्तमान को नहीं बिगाड़ेंगे तो आप भविष्य को कैसे बनाएँगे? आपको भविष्य बनाने का मौका देने के लिए ही हम वर्तमान को बिगाड़ रहे हैं। यह आपके प्रति हमारा दायित्व है। यदि हम आज न बिगाड़ेंगे, तो कल आपके लिए कुछ काम नहीं रह जाएगा। तब आप निठल्ले हो जाएँगे और यह देश पतन के गर्त में गिर जाएगा।

आप युवक हैं, क्रान्तिकारी हैं। मैं आपके क्रान्तिकारी आन्दोलनों को बड़े ध्यान से देख रहा हूँ। जब आप बस कंडक्टर और सिनेमा-गेटकीपर के विरुद्ध

क्रान्तिकारी आन्दोलन करते हैं, तब मुझे बड़ी खुशी होती है। जब तक आप बस-कंडक्टर और सिनेमा-गेटकीपर के विरुद्ध क्रान्तिकारी आन्दोलन करते रहेंगे, हम सुरक्षित रहेंगे। मैं आपसे अपील करता हूँ कि आप इन्हीं के खिलाफ आन्दोलन करते रहें। जिस दिन आप बुनियादी परिवर्तन के लिए आन्दोलन करने लगेंगे, उस दिन हम उखड़ जाएँगे। इसलिए आप सच्चे क्रान्तिकारी बनें। सच्चा क्रान्तिकारी कंडक्टर, गेटकीपर, चपरासी वगैरह से ही संघर्ष करता है।

अब मैं आपको कुछ संदेश देता हूँ। हर आदमी को जीवन के सत्य को पकड़ लेना चाहिए और उसके लिए हर कर्तव्य करना चाहिए। मैंने समझ लिया कि मेरे जीवन का सत्य मंत्री बनना है, इस सत्य को मैंने कभी नहीं छोड़ा। इस सत्य के लिए मैंने ईमान, धर्म सबका परित्याग किया, सत्य के लिए बड़े से बड़ा त्याग करना पड़ता है। मैंने किया और आप जानते हैं कि सत्य मुझसे कभी नहीं छूटा। किसी भी पार्टी का मंत्रिमंडल हो, मैं जरूर मंत्री रहा। जिसका मंत्रिमंडल बना, मैं उसी का हो गया। सत्य को इसी तरह दाँतों से पकड़ा जाता है। आप मेरे आदर्श पर चलें। विश्वविद्यालय के जीवन में आप यदि तय कर लें कि आपका सत्य डिग्री लेना है तो इसके लिए पेपर आउट व नकल से लेकर अध्यापक से मारपीट तक करें। सत्य से बड़ा कुछ नहीं है।

मेरा दूसरा संदेश यह है कि आप लोग राजनीति में भाग न लें। अगर आप राजनीति में भाग लेंगे, तो हमें राजनीति छोड़नी पड़ेगी। आप लोग चरित्रवान बनें। अगर आप चरित्रवान न बनेंगे, तो हमें बनना पड़ेगा—और हमारी अब चरित्रवान बनने की उम्र नहीं है। आप त्यागी बनें—आप त्यागी न बनेंगे, तो मजबूर होकर हमें त्यागी बनना पड़ेगा। आप ईमानदार बनें, आपके ईमानदार बन जाने पर हम ईमानदार बनने से बच जाएँगे वरना हमें इस ढलती उम्र में ईमानदार बनना पड़ेगा। इसमें कितना क्लेश होता है, इसे आप कच्ची उम्र के लड़के नहीं समझ सकते। मेरी इच्छा है कि आप देश के सच्चे सपूत बनें। अगर आप नहीं बनेंगे, तो हमें बनना पड़ेगा—और हमारी सच्चे सपूत बनने की उम्र नहीं रही। तरुण मित्रो, देश को आपका ही भरोसा है। आप पर देश भरोसा नहीं करेगा, तो उसे फिर हम पर ही भरोसा करना होगा और यह उसके लिए अच्छा नहीं होगा।

तरुण मित्रो, आपको यह विदित ही है कि आज इस समारोह में मुझे भी आपके साथ कानून की डाक्टरेट बिना किसी इम्तहान के पास किए, ससम्मान मिल रही है। यह बड़ी स्वस्थ परम्परा है कि जो परीक्षा पास न करे, उसे

सम्मानपूर्वक डिग्री मिल जाए। आज मैं भी आपकी तरह छात्र हो गया हूँ। मेरे मन में छात्र जीवन की सुखद स्मृतियाँ जाग उठी हैं। किसी कवि ने कहा है—'अहा, छात्र जीवन भी क्या है, क्यों न इसे सबका मन चाहे।'

डॉक्टर बनने की इच्छा मेरी बचपन से ही थी, पर अक्ल ने साथ नहीं दिया। यह इच्छा आज पूरी हो रही है। मैं जानता हूँ कि यदि मैं मंत्री न होता, तो कानूनी डॉक्टर क्या कंपाउंडर भी मुझे कोई नहीं बनाता।

ओम् शान्ति शान्ति शान्ति!

अभिनन्दन

पहले मेरा दूसरा विचार था। यह कि लेखक को आदरणीय होने से बचना चाहिए। आदरणीय हुआ कि गया। एक लेखक से मैंने एक दिन पूछा—दादा, कुछ दिनों से आपका लिखना नहीं हो रहा है? उन्होंने कहा—तुम्हें नहीं मालूम कि पिछले साल मेरा अभिनन्दन हो चुका? तुम साहित्य में रहते हो या किराना व्यापार में?

मैं साहित्य में ही रहता था, रहना भी चाहता था। मैंने तय किया कि अपने को कभी आदरणीय नहीं होने दूँगा। जब-जब आदरणीय होने का खतरा पैदा होता, मैं कोई बेवकूफी या उचक्कापन कर जाता। लोग कहते—अभी लड़कपन नहीं गया। छोटे शहरों में आदरणीयता से बचने का सबसे अच्छा तरीका यह है कि आदरोत्सुकों के बीच बैठकर आप कभी अपने मुँह से 'अलकोहल' की

सुगन्ध निकल आने दें। सम्मान कुछ साल टल जाएगा। हिन्दी की यह परम्परा है कि भाँग के गन्नाटे वाले का सम्मान अलकोहल की गन्धवाले से पाँच साल पहले हो जाता है। बड़े शहर में यह उपाय कारगर नहीं होता, मगर वहाँ आदर करनेवाले भी तो बहुत कम होते हैं। प्रतिभा को वहाँ खतरा आदर से नहीं होता, आदर पाने की कोशिश से होता है। बहुत-से बुजुर्ग साहित्यकार इन बड़े शहरों में हैं, जिनका सारा दिन अनादर करनेवालों से बदला लेने की तरकीबों में गुजरता है।

लेकिन ये मेरे पहले के विचार हैं। अब तो मैं सोचता हूँ कि जल्दी-से-जल्दी अपना सम्मान या अभिनन्दन करवा लेना चाहिए। पिछले दो-तीन वर्षों में काफी अभिनन्दन हो गए। इनमें से कुछ की रिपोर्ट मुझे मिली और कुछ मैंने आँखों से देखे। पचास साल वालों के हो गए। हिन्दी में अभिनन्दन की उम्र घट रही है। पहले पचहत्तर साल पर होता था। अब अगर लेखक में दम है तो पचास पर हो जाता है। मैं चालीस से आगे बढ़ रहा हूँ और उधर अभिनन्दन की उम्र घट रही है। जिस गति से मेरी उम्र बढ़ रही है, उसी गति से अभिनन्दन की उम्र घटे तो ही वह सुनहरा दिन आ सकता है, जब मेरे कारण शहर में मालाओं के दाम बढ़ जाएँगे। तब फायदा कराने के कारण नगरमाली संघ की तरफ से भी एक माला मेरे गले में पड़ सकती है। साहित्य के बाहर के कुछ लोगों को माला पहनाने के लिए तैयार रखना चाहिए। साहित्य वालों का कोई भरोसा नहीं। हो सकता है, अभिनन्दन करनेवालों में दो गुट हो जाएँ और ठीक उसी सुनहरे दिन वे लड़ बैठें और समारोह चौपट कर दें। इसीलिए चतुर साहित्यकार अपने साथ दुकानदार, डाकिए, पुलिसमैन, आबकारी दरोगा आदि रखते हैं।

लेकिन अभिनन्दन कराना है, तो उसकी पृष्ठभूमि पहले से बनानी चाहिए, इशारे छोड़ते जाना चाहिए। एक दिन हम कुछ लोग बैठे थे। दो साहित्यिक आपस में बातें कर रहे थे—

—हम भी पचास पार कर गए।

—पचास तो हम भी पूरे कर ही रहे हैं।

—तीस साल साहित्य-सेवा करते हो गए।

—हमें भी तीसेक साल होने को आए।

—अब युवकों को अपना कर्तव्य समझना चाहिए।

—हाँ, अपना कर्तव्य हम कर चुके। अब युवक अपना कर्तव्य करें।

युवकों ने सुना। इशारे को समझा। अपने कर्तव्य पर वे विचार भी करने लगे। चार-छह बार युवकों को इस तरह उनके कर्तव्य की याद दिलाई गई, तो जल्दी ही दोनों का अभिनन्दन हो जाएगा। शेष जीवन में यहाँ सुख और बाद में आत्मा की सद्गति। लेकिन हर युवक अपना कर्तव्य एक ही नहीं समझता। कुछ युवक ऐसे भी हैं, जिन्हें उनके कर्तव्य की याद दिलाओ, तो वे आपको साहित्य से बाहर ढकेलने लगेंगे। वे अपना यही कर्तव्य समझते हैं।

इसीलिए मैंने उन सुशील आदमियों से बात की, जो सम्मान वगैरह करते ही रहते हैं।

मैंने कहा, "साहित्य-सेवा करते हमें भी काफी साल हो चुके। अब हमारा भी कुछ हो जाए।"

उन्होंने पूछा—"क्या हो जाए?"

मैंने कहा—"यही सम्मान, अभिनन्दन वगैरह।"

उन्होंने कहा—"पचास के हो जाओ, तब विचार करेंगे।"

मैंने कहा, "यारो, उसमें तो बहुत देर है। देह क्षणभंगुर है। बीमारियाँ फैली हैं। सड़कों पर ट्रैफिक बढ़ गया है। पचास के पहले ही चल दिए, तो आत्मा की सद्गति नहीं होगी।"

वे बोले, "तो हम क्या करें? इतनी जल्दी कैसे कर दें? लोग क्या कहेंगे?"

मैंने कहा, "सरकारी नौकरी में किसी की उम्र 'कंडोन' हो जाती है, यानी उम्र ज्यादा हो तो कम मानकर उसकी नियुक्ति हो जाती है। साहित्य में क्या उम्र बढ़ाकर अभिनन्दन नहीं किया जा सकता?"

वे बोले, "किया जा सकता है। हमने किया भी है। मगर तुम्हारा नहीं हो सकता। तुम न किसी का फायदा कर सकते हो, न नुकसान। तुम्हारे नाम से पैसा भी इकट्ठा नहीं हो सकता।"

यह सरासर धाँधली है। जब तक अभिनन्दन व्यक्तिगत हाथों में रहेगा, ऐसी ही धाँधली होगी। सरकार को अभिनन्दन का राष्ट्रीयकरण कर लेना चाहिए। शिक्षा मंत्रालय या सांस्कृतिक मंत्रालय अपने हाथ में ले ले। सबसे अच्छा तो यह है कि गृह-विभाग को सौंप दिया जाए। वह अपनी पुलिस के द्वारा जिसका चाहेगा अभिनन्दन करवा देगा—जैसे हाल ही मध्यप्रदेश और उत्तर प्रदेश में कॉलेजों में घुसकर पुलिस ने आचार्यों का अभिनन्दन किया।

शिकायत मुझे भी है

व्यक्तिगत क्षेत्र में अभिनन्दन रहा तो अपना कभी नहीं होगा। सामर्थ्य ही नहीं है। सामर्थ्यवानों का मैंने होते देखा है। एक बड़े नेता और हिन्दी-सेवी का ऑल इंडिया में जब-तब कुछ होता रहता है। कैसे होता है, यह तब मालूम हुआ, जब एक मित्र ने उनकी एक चिट्ठी मुझे बताई। लिखा था—'आप अपने शहर में मेरा जन्म-दिन समारोह मनाने के लिए तीन सौ रुपए ले गए थे। पर न आपने समारोह किया, न रुपए लौटाए। कम-से-कम रुपए तो लौटा दीजिए।'

माई गॉड, एक-एक शहर में कराने में तीन सौ रुपए लगते हैं! हम तो एक मुहल्ले के समारोह का खर्च भी नहीं उठा सकते। सारी जिन्दगी सिर्फ आदर करते गुजर जानेवाली है।

मेरे एक मित्र ने मुझे समझाया कि अभिनन्दन तीन तरह से होते हैं—कुछ तो अपने-आप हो जाते हैं—याने जिसमें श्रद्धेय को माला पहनने और मुस्कराने के सिवा कुछ नहीं करना पड़ता। कुछ कराए जाते हैं—जिनमें सारा काम श्रद्धेय को करना पड़ता है, पैसा इकट्ठा करने से लेकर अभिनन्दन-पत्र छपाने तक। कभी-कभी शामियाना भी उन्हीं को तनवाना पड़ता है। फिर माला पहनकर मुस्कराया भी वही करते हैं। कुछ अभिनन्दन मिश्रित होते हैं—यानी कुछ लोग अभिनन्दन करने को उत्सुक रहते हैं, पर उन्हें प्रोत्साहित करना पड़ता है और उनकी मदद करनी पड़ती है। इनमें पहले प्रकार के अभिनन्दन बहुत कम होते हैं, अधिकांश अभिनन्दन के पात्रों को अपने ही पुरुषार्थ पर निर्भर रहना पड़ता है।

मेरी निराशा को कम करने के लिए मेरे मित्र ने कहा—तुम साहित्यिकों के पीछे ही क्यों पड़े हो? वे अगर नहीं करते हैं, तो दूसरों से करा लो। अमुक साहब को जानते हो न? उन्हें राजनीति में सम्मान नहीं मिला, तो उन्होंने साहित्य में करवा लिया। एक दूसरे सज्जन हैं जिन्हें चुनाव टिकट तक नहीं मिला। वे निराश नहीं हुए। उन्होंने अपने मुहल्ले की सेवा-समिति से मानपत्र ले लिया। तुम चाहो तो अपने मुहल्ले की सहकारी समिति से मानपत्र ले सकते हो। सम्मान का रास्ता कोई एक ही नहीं है। एक मोर्चे पर हार रहे हो, तो दूसरा खोल दो। जब साहित्य के लोग सेठों और नेताओं का अभिनन्दन करते हैं तो लेखक कोशिश करके 'चेम्बर ऑफ कॉमर्स' से भी मानपत्र ले सकता है। सारे क्षेत्रों के पिटे हुए आदमी जब साहित्य में आकर सम्मान ले लेते हैं, तब साहित्य में पिटे आदमी को भी दूसरे क्षेत्र में कोशिश करनी चाहिए।

मुझे कुछ धीरज बँधा। पर मैंने कहा, यार, साहित्य के सम्मान की बात ही अलग है। वे जैसा सम्मान करते हैं, वैसा दूसरे नहीं कर सकते। कोऑपरेटिव वाले मेरी तारीफ में बढ़िया कविताएँ तो नहीं लिख सकते। यह तो साहित्यवाले ही कर सकते हैं। व्यापारी भी कितना ही दाम बढ़ाने का अभ्यासी हो, कवि सरीखी अतिशयोक्ति नहीं कर सकता। इसीलिए बड़े-बड़े देवताओं की लालसा रहती है कि हम साहित्य में सम्मान पाएँ।

मैंने अपनी इच्छा को दबा लिया था। सोचा, ईश्वर चाहेगा, तभी सम्मान होगा। मुझ जैसे मनुष्य के सामर्थ्य के बाहर की यह बात है।

पर एक दिन मैंने एक अभिनन्दन-समारोह देख लिया और इच्छा की आग भड़क उठी।

एक श्रद्धेय का सम्मान था। वे सचमुच बहुत लोगों के श्रद्धा के पात्र हैं। श्रद्धा मन में रहे तो कोई बात नहीं, प्रकट होने लगे तो भी कभी-कभी हास्यास्पद हो जाती है। इस समारोह में श्रद्धा का प्रकटीकरण दुर्लभ मनोरंजन का कारण बन रहा था। सबसे अच्छी बात तो यह थी कि अश्रद्धा श्रद्धा की अपेक्षा जोर से बोल रही थी।

श्रद्धेय विद्वान ब्राह्मण हैं। उनका नाम कृष्ण का पर्यायवाची है। वे उपकुलपति भी हैं।

एक श्रद्धा प्रकट करनेवाले विद्वान कायस्थ थे।

उन्होंने कहा—श्रीकृष्ण ने बड़े-बड़े काम किए, पर उपकुलपति वे नहीं हो सके थे। अब इस रूप से उपकुलपति बने। (मेरे मुँह से 'हाय' निकल पड़ी।)

यह सुनकर हॉल में ब्राह्मण विद्वान् गद्गद हो गए और कायस्थ विद्वान खिन्न हुए।

विद्वान ज्यों-ज्यों बढ़ता जाता है, त्यों-त्यों जात-पर-जात का बोध भी बढ़ता जाता है। इसी को ज्ञान कहते हैं। यही अपनी आत्मा को पहचानना है।

एक दृश्य मेरे हृदय पर अंकित हो गया है। पैंट पहने हुए श्रद्धालु चरण छू रहे थे। जब वे कठिनाई से झुकते, तो मुझे डर लगता कि पैंट अब फटा, अब फटा। पैंट जिन लोगों ने चलाया है, उनमें चरण छूने की परम्परा नहीं है। हमें पैंट भी पहनना है और चरण भी छूना है। इससे पैंट फट जाने का खतरा पैदा हो जाता है। मेरा अभिनन्दन जब होगा, तब मैं सर्कुलर निकाल दूँगा कि जिन्हें चरण छूना

है, वे कृपया धोती पहनकर आएँ। मैं अपने अभिनन्दन में कोई भद्दा दृश्य उपस्थित नहीं होने देना चाहता।

इस अभिनन्दन ने मुझे उतावला कर दिया। मैं फिर उन लोगों की खोज कर रहा हूँ, जो इस पवित्र कार्य को हाथ में ले लें। यदि जल्दी ऐसे लोग नहीं मिले, तो मुझे अखबारों में 'टेंडर' बुलाने की विज्ञप्ति देनी पड़ेगी। इतना बड़ा देश है, कहीं तो भले लोग होंगे ही।

परमात्मा का लोटा

एक छोटे-से आलोचक ने उस दिन मुझसे कहा—अब आप कुछ शाश्वत साहित्य लिख डालो।

मैंने फौरन तय किया कि सूर्य पर लिखूँगा। पुराना बहुत-सा कथा साहित्य इसीलिए तो आज तक पढ़ा जाता है कि उसका पहला वाक्य होता है—पूर्व में भगवान भुवन भास्कर उदित हो रहे थे। या यह होता था—पश्चिम में भगवान अंशुमाली अस्ताचलगामी हो रहे थे। ये लेखक भगवान भुवन भास्कर को चैन नहीं लेने देते थे। जब लेखक के आसपास ऊँची अटारियाँ बन गईं, और सूर्य का उगना-डूबना नहीं दिखा, तब भगवान अंशुमाली को फुरसत मिली। फिर भी कुछ हठी हाथी-दाँत की मीनार पर बैठकर उसका उदय देखने लगे।

समीक्षक ने कहा है, तो मुझे मानना ही होगा। सनद रहे कि साहित्य में मैं उस लड़के की तरह आज्ञाकारी रहा, जिसकी स्कूल में फीस माफ रहती है।

शिकायत मुझे भी है

अपनी तरफ से कोशिश करके हमने कभी सूर्य नहीं देखा। वह और हम साथ-साथ नहीं उठते। दिख गया तो देख भी लेते हैं। यों तो उस मंत्री को भी अक्सर देख लेते हैं, जो चार दल बदल चुका है। ईमान को लपेटकर उसने कुर्सी की गद्दी के नीचे रख लिया है। देख लेते हैं, तो कोई दोष नहीं लगता। लगा भी तो घर जाकर नहा लेते हैं।

रात की गाड़ी से भोपाल जाता हूँ, तो सुबह बुदनी स्टेशन के आगे की पहाड़ियों में होती है। किसी काली पहाड़ी के शिखर पर उगता हुआ सूर्य दिख जाता है। मुझे यह दृश्य अच्छा नहीं लगता। लगता है, कोई काली कुरूपा स्त्री माथे पर रेखड़ी पहने हो। यह दृश्य जिन्हें लुभाता है, उनके घर में काली कुरूपा पत्नी होगी, जो फूहड़ श्रृंगार करती होगी। कुरूपा पत्नी आदमी के सौन्दर्यबोध का दायरा बढ़ाती है। सुन्दर पत्नीवाले की सौन्दर्यानुभूति सीमित हो जाती है।

पिछले महीने मैंने सूर्य को निकलते देखा, तो लगा जैसे राष्ट्रपति शासन लागू हो गया। चन्द्रमा का सप्तर्षि मंत्रिमंडल और नक्षत्रों की विधानसभा भंग। संविद के घटकों में पटी नहीं। अब गृहमंत्री का किरणों का डंडा है और हम।

पुराने जमाने के ऋषि उगते सूर्य को इसलिए देख लेते थे कि जंगल में रहते थे और जानवरों के डर के मारे नींद नहीं आती थी। डर भी सौन्दर्यानुभूति को बढ़ाता है। जेबकट पुलिस की पगड़ी के लाल तुर्रे को उत्सव का वन्दनवार समझता है। हम ऋषि नहीं हैं, इसलिए घर में देर तक सोते हैं और उधर जब सूर्य निकलता है, तब हम उसे सपने में देख लेते हैं। सपना बड़ी सुभीते की चीज है। जो हो रहा है, उसमें हिस्सा न लेकर उसे सपने में देखा जा सकता है। सपनों में क्रान्तियों में भाग लेकर लहूलुहान हुए बहुत लोग मिल जाएँगे। उनसे खून का सबूत माँगना नासमझी है, क्योंकि रक्तपात सपने में हुआ था।

शहर में सूर्य अटारियों के पीछे छिपकर उगने लगा है। देख रहा हूँ, बड़ों-बड़ों का उदय छिपकर अटारियों के पीछे होने लगा है। मेरा एक दोस्त एकाएक कहीं चला गया। महीने-भर बाद मालूम हुआ कि वह दिल्ली में छिपकर उदित हो चुका है। अब वह सिर पर आ गया है और तप रहा है।

उगते सूर्य को देखना हो तो किसी अटारी की ऊपरी मंजिल पर चढ़ो। ऊपरी मंजिल पर तो हम किसी मामले में नहीं गए। फिर किसी का उदय देखने के लिए ऊँचा उठ जाना आसान नहीं है।

एक बात और है। उगते सूर्य को देखने की ताब नहीं है। हम तो चाँदनी में छाता लगाकर चलनेवाले लोग हैं। सदियों से हम चाँदनी में छाता लगाते आए हैं।

परमात्मा का लोटा

एक बार मैं एक अन्तर्राष्ट्रीय सम्मेलन में विदेश गया था। देखा कि विदेशी लोग रात को बड़ी देर तक नाचते, गाते, आनन्द मनाते रहते। मगर भारतीय ठीक वक्त पर सात्त्विक भोजन करके, कुनकुने पानी के साथ तीन चुटकी त्रिफला चूर्ण लेकर सो जाता या छिपकर औरत को देखता। चाँदनी में वह हमेशा छाता लगा लेता है। हम दो-तीन मित्र विदेशियों का गाना, बजाना, नाचना देखते रहे। नाचनेवाले को हम भगवान 'नटराज' मानते हैं, मगर खुद नाचना बुरा समझते हैं। सारी चाँदनी देवताओं को दे रखी है, सारी धूप आदमी ने ले ली है।

एक रात विदेशियों ने हम लोगों से भी कुछ गाने को कहा। क्या गाएँ? उन्होंने सुझाया—कोई राष्ट्रीय भावनावाला गीत गाइए। मन में जो गीत आया वह था—'शरण में आए हैं हम तुम्हारी, दया करो हे दयालु भगवन!' स्कूल में कई साल यह प्रार्थना-गीत गाया था। मगर लगा कि वर्तमान में भी यही गीत वास्तविक राष्ट्रीय भावना को व्यक्त करता है। किस-किस का भगवान नहीं मानते? किस-किस की शरण नहीं गए? बड़े अमेरिका से गेहूँ ले लिया और छोटे-से थाईलैंड से भी चावल ले लिया। दया करो हे दयालु भगवन। यह सच्चा राष्ट्रीय गीत है—'शरण में आए हैं हम तुम्हारी, दया करो हे दयालु, भगवन!'

पर इस गीत को गाने का मन नहीं हुआ। मेरे साथी का खूब मजे का मूड था। वे बोले—ये कोई अपनी भाषा नहीं समझते। वही नौटंकीवाला गा दो—'मैंने लाखों के बोल सहे, सितमगर तेरे लिए।' और उन्होंने गाना चालू कर दिया। विदेशी लोगों ने अपने साजों से संगत दी। वे बड़े श्रद्धाभाव से भर गए थे क्योंकि उनकी समझ में यह कोई राष्ट्रीय गीत था। खत्म होने पर वे वही औपचारिक वाक्य बोलने लगे—वाह, राष्ट्रीय भावनाओं से ओतप्रोत गीत है। इसमें आपके देश की लम्बी उज्ज्वल परम्परा के तत्त्व हैं।

हम उनसे क्या कहते? नासमझो, जिस लम्बी उज्ज्वल परम्परा की तारीफ कर रहे हो, वह तो चाँदनी में छाता लगाकर चलती है। वह कुनकुने पानी के साथ तीन चुटकी त्रिफला खाकर बिस्तर पर लेटी है। उसका हाजमा खराब है—सदियों से। जब हाजमा अच्छा था तब समूची जातियों को पचा लेती थी। जब से हाजमा बिगड़ा है, उसे उलटी हो रही है। हम तो इस परम्परा से नफरत करते हैं और लाखों के बोल सहते हैं।

अभी ग्वालियर से रात की बस से सफर करके सुबह उतरा, तो फिर उगता सूरज दिख गया। मैंने कहा—यार, इतने साल हो गए। पूर्व से निकल रहे हो। बड़े दकियानूस हो।

शिकायत मुझे भी है

वह बोला बड़ी गम्भीरता से—रोशनी देनेवाले दिशा नहीं बदला करते। और जो दिशा तथा फोकस बदलते रहते हैं वे क्या रोशनी नहीं देते? नहीं, वे रंगमंच के स्पॉट लाइट होते हैं। मेरे बहुत भ्रम टूटे। कई समीक्षकों को मैं सूर्य समझता था। वे मात्र स्पॉट लाइट हैं। रंग बदलते हैं और फोकस। कभी कोई पत्रिका 'नई कहानी' आन्दोलन वालों के हाथ थी तो नई कहानी का दर्शन लिखकर छपाते थे। फिर प्रगतिवादी के हाथ में आ गई तो फौरन सामाजिक यथार्थवाद पर फोकस साध लिया। अगर दिगम्बर पीढ़ी की कोई बड़ी पत्रिका हो जाए, तो फौरन कपड़े उतारकर नंगे हो जाएँगे। स्पॉट लाइट के ईमान की बराबरी सूर्य क्या करेगा।

उदय होते सूर्य की बात बहुत हो गई। अब अस्त होते सूर्य की बात करता हूँ। मेरे बरामदे से यह दिख जाता है। जब फुरसत होती है, देख लेता हूँ। शाम को डूबते सूरज को देख रहा था। निर्मल मन का कवि होता, तो सोचता कि नीले सरोवर में कमल खिला है। इतना निर्मल मन हम कहाँ से लाएँ। मुझे सूर्य उस पुलिस अफसर के कपाल के टीके की तरह लग रहा था जिसने मेरे एक दोस्त को झूठे फौजदारी मामले में फँसा दिया है। वह बड़ा-सा लाल टीका लगाता है। शायद हनुमान का सिन्दूर है। मैंने उससे कहा था—साहब, यह टीका क्या झूठ पचाने के लिए लवणभास्कर चूर्ण है? वह हँस दिया।

मेरे सामने की झोंपड़ी के सामने एक आदमी बैठा हुआ, एकटक डूबते सूर्य को देख रहा था। वह बड़ा सौन्दर्य-प्रेमी मालूम होता है। पर ज्यों ही सूर्य डूबा, वह लोटा उठाकर पास के नाले में उतर गया।

इस आदमी के मन में क्या प्रतीक उभरता होगा? वह सूर्य को परमात्मा का लोटा समझता है। सूर्य के लोटे को उठाकर परमात्मा क्षितिज के नाले में उतर जाता है क्योंकि परमात्मा के घर में पाखाना नहीं है। जब तक इस आदमी का अपना पाखाना नहीं बन जाता, यह सूर्य को परमात्मा का लोटा समझता रहेगा। सूर्य को कुछ अपनी इज्जत का खयाल है या नहीं? किसी का लोटा होना, चाहे वह परमात्मा का ही क्यों न हो, बड़ी बेइज्जती की बात है।

गुड़ की चाय

आजकल मैं गुड़ की चाय पीता हूँ, तो ऐसा लगता है, जैसे शहीद हो रहा हूँ। हम छोटी-छोटी चीजों से मरते-जीते हैं। मध्यमवर्गीय आदमी शक्कर के अभाव में गुड़ की चाय पीता है, तो सोचता है, इसके आगे भगतसिंह का बलिदान कुछ नहीं है। अगर भारतवासी 1920 से 1930 तक गुड़ की चाय पीते, तो 1931 में ही देश आजाद हो जाता।

मुझे शिकायत नहीं है। देश का बकाया चुका रहा हूँ। स्वतंत्रता आन्दोलन में हम जेल नहीं गए थे। जो गए थे, वे शक्कर की चाय पीते हैं। हम नहीं गए, तो गुड़ की चाय पीते हैं। गलती अपनी ही है। मगर तब हमें किसी ने बताया ही नहीं कि अभी जेल चले जाओगे, तो आगे शक्कर की चाय पियोगे और मजे में 'कन्सेंट्रेशन कैम्प' चलाओगे। उसी देश के नाम पर कोई शक्कर की चाय पीता

है और कोई गुड़ की। गुड़ की पीनेवाला अब पूछने लगा है—क्या यह मेरा देश है? शायद नहीं। देश दूसरों का है। मैं तो इसमें किराए से रहता हूँ। जब मुझसे देशभक्ति की माँग की जाएगी, तब सोचूँगा कि किराए की जमीन के लिए प्राण दूँ कि नहीं। या पहले जमीन अपने कब्जे में करके फिर उसके लिए लडूँ? इस देश का आम आदमी अपनी ही जमीन से बेदखल कर दिया गया है। वह अपने ही मकान में किराए से रहता है।

ये किराएदार आजकल गुड़ की चाय पीते हैं और रोते हैं। बहुत लोगों के चेहरे गुड़ के डले की तरह हो गए हैं। कल एक के घर चाय पी रहा था, तो लग रहा था, जैसे मृत्यु-भोज में शरीक हूँ। उस आदमी ने बड़ी पीड़ा से कहा—क्या करें, शक्कर मिलती ही नहीं। ऐसा भाव था जैसे इसकी माँ मर गई हो और यह कह रहा हो—भैया, हमारी माताजी शक्कर देवी की मृत्यु हो गई। मैं कहता—राम-राम, बड़ा बुरा हुआ। क्या बीमारी थी माताराम को? वह जवाब देता—बीमारी कुछ नहीं थी। चार-पाँच दिन पहले तक माताजी बाजार में चल-फिर रही थीं। फिर अफसरों और कालाबाजारियों ने उन्हें मार डाला। मैं पूछता—भैया, माताराम के क्रिया-कर्म तो अच्छी तरह कर दिए न? वह माथा ठोककर कहता—कहाँ कर पाए! उन लोगों ने लाश तक नहीं दी। चुपचाप कहीं गाड़ दी। मैं उसे समझाऊँगा—खैर, माताजी तो गईं। उनकी इतनी ही उम्र थी। पर तुम्हारा बाप गुड़ अभी जिन्दा है। उसकी खैर मनाओ।

यों खैर मनाने से कुछ नहीं होता। मारनेवाला पालनेवाले से बड़ा हो गया है। देखा तो नहीं, पर सुना है कि पहले दाने-दाने पर खानेवाले का नाम लिखा रहता था। कौन लिखता था, यह आस्तिक जानते होंगे। पर अब वही दाने-दाने पर काला बाजारवाले का नाम लिखने लगा है। दाने पर खानेवाले के बदले, उसके बिना मरनेवाले का नाम लिखकर काले गोदाम में डाल देता है!

किससे कहें? संयमी और नैतिकतावादी अर्थमंत्री से शिकायत करने की हिम्मत नहीं होती। वे कह देंगे—चाय पीते ही क्यों हो? चाय से वासना बढ़ती है। नीम की पत्ती पीसकर पिया करो। उनसे अन्न के अभाव की शिकायत करो, तो वे कहेंगे—ज्यादा खाने से पाचन-क्रिया खराब होती है। तब कोई पूछेगा—जिन्दा रहें कि नहीं? वे शान्ति से जवाब देंगे—इस मल-मूत्र की खान पापमय देह का क्या मोह!

यह सब कहते वक्त भी बदनीयती मुझमें है। सोचता हूँ—झूठे बताकर कई लोग परमिट ला रहे हैं, तो मैं भी ले आऊँ। हर आदमी बेईमानी की तलाश में है और हर आदमी चिल्लाता है, बड़ी बेईमानी है। परमिट का एक मान्य कारण माता या पिता का श्राद्ध है। कई लोग इस कारण से ले आते हैं। बेटा कहता होगा—पिताजी, और किसी तरह शक्कर नहीं मिलती। आपके श्राद्ध के बहाने से ही मिल सकती है। बूढ़ा यों ही चटोरा होता है। वह कहता होगा—बेटा, शक्कर के लिए मैं दस बार मरने को तैयार हूँ। तू तो ले आ। मगर मैं यह भी नहीं कर सकता। माता-पिता परमिट के झंझट से पहले ही चले गए थे। इतने साल बाद उनके श्राद्ध के लिए शक्कर माँगूँ तो यह धाँधली बहुत बड़ी हो जाएगी। यों माता-पिता बहुत उपयोगी चीजें हैं—उनकी मौत की झूठी घोषणा से शक्कर मिलती है। इस जमाने में हर आदमी को ऐसे मौके पर काम आने के लिए माँ-बाप जरूर रखना चाहिए। हम नहीं रख पाए, तो पछताते हैं।

लेकिन छोटे आदमी का बाप सचमुच मर जाए, तो भी कोई निश्चित नहीं कि शक्कर मिल जाएगी। एक छोटा आदमी अपने पिता के श्राद्ध के लिए शक्कर की दरख्वास्त लेकर पहुँचा। वह जानता था कि पिता को स्वर्ग में तभी जगह मिलेगी, जब यहाँ से ब्राह्मण धर्मराज को खबर भेज देंगे कि इसके बेटे ने हम लोगों को लड्डू खिला दिए हैं। वरना शक्कर की मारी आत्मा भटकती फिरेगी। पर खाद्य अफसर ने उससे कह दिया—पन्द्रह दिन पहले दरख्वास्त देना चाहिए। श्राद्ध मौत के ग्यारह दिन बाद होता है। पन्द्रह दिन पहले दरख्वास्त कैसे देता? इस घटना से छोटे आदमियों के बापों को सबक लेना चाहिए कि बेटे को मरने का प्रोग्राम एकाध महीना पहले बता देना चाहिए। छोटे आदमी को चाहे जब मर जाने की सुविधा भी नहीं है। उसे नोटिस देकर मरना चाहिए, वरना उसकी आत्मा की दुर्गति होगी। बड़े आदमी का बाप चाहे जब मर सकता है, और उसका तुरन्त श्राद्ध करके, उसे फौरन स्वर्ग भेजा जा सकता है। छोटे आदमियों के बाप आजकल बड़े बदतमीज हो गए हैं—चाहे जब मर जाते हैं।

यही छोटे लोग त्योहारों पर शक्कर माँगते हैं। अक्सर शक्कर त्योहारों पर गायब हो जाती है। मैं पिछले दो-तीन सालों से शक्कर के बर्ताव का अध्ययन कर रहा हूँ और दावे से कह सकता हूँ कि वह बिलकुल धर्मनिरपेक्ष

है। वह मुहर्रम पर गायब होती है, तो जन्माष्टमी पर भी। हमसे ज्यादा 'सेक्यूलर' है। इतना ही नहीं, मुहर्रम पर ब्लैक में चार रुपए किलो मिलकर वह मुसलमानों को कर्बला की ट्रेजेडी का एहसास कराती है, और जन्माष्टमी पर इसी भाव मिलकर देवकी और वसुदेव की मुसीबत का बोध कराती है। वसुदेव इसीलिए तो उफनती यमुना में से कृष्ण को निकालकर नन्दग्राम ले गए थे कि कंस के राज में बच्चे के दूध के लिए शक्कर नहीं मिलती।

बहुत लोग कहते हैं कि कितना अच्छा होता, अगर खाने-पीने की चीजें एम.एल.ए. की तरह सहज उपलब्ध होतीं। गेहूँ, चावल, शक्कर सब 'ब्लैक' में दब गए हैं, मगर हर राज्य में एम.एल.ए. खुले बाजार में हैं। हर पार्टी, हर राजा और हर रानी सौदा पटा रहे हैं। एक पार्टी का राजा दूसरी पार्टी के राजा की लड़की से अपने कुमार की शादी लगा रहा है और दहेज में धन-दौलत नहीं, सिर्फ पन्द्रह एम.एल.ए. माँग रहा है। मुझे सुनकर लगा, जैसे पन्द्रह बोरे शक्कर माँग रहा है। हर एम.एल.ए. मुझे शक्कर का बोरा मालूम होता है।

खाद्य विभाग के अधिकारियों को देखकर भी मुँह में पानी आता है। वे भी शक्कर के बोरे मालूम होते हैं। कहीं के खाद्य अधिकारी की लोग शिकायत करते थे कि ये उपभोक्ता भंडारों को मंजूर हुई शक्कर रोक देते हैं और तब चौगुने दाम पर व्यापारियों को शक्कर बेचने का सुभीता देते हैं। मैंने एक अखबार के जरिए लोगों से कहा था कि शक्कर के मामले में लगातार गोलमाल करते-करते साहब खुद मीठे हो गए होंगे। वे 'सेकरीन' की एक बड़ी टिकिया हो गए होंगे। अब उन्हें अगर पानी में डालकर थोड़ा हिलाओ, तो पानी मीठा हो जाएगा। उस पानी की चाय बनाकर पी सकते हैं। लोग अपने कुओं का पानी इस तरह मीठा करके मजे में उसकी चाय पिएँ।

कितना अच्छा सुझाव था। मगर कुछ भद्र लोग मेरे माथे पर चढ़ बैठे—यह कैसी बात करते हो? लोगों को हिंसा के लिए उभारते हो? कानून और व्यवस्था तोड़ना चाहते हो? चौथे आम चुनाव के बाद यों ही बहुत हलचल है। देश को इस वक्त स्थिरता चाहिए—'स्टेबिलिटी' चाहिए।

इन 'स्टेबिलिटी' वालों को मैं जानता हूँ। इनकी अच्छी बँधी आमदनी होती है। घर होता है, फर्नीचर होता है, फ्रीज होता है, बीमे की पॉलिसी होती है, 'वीक एंड' होता है, बच्चे कॉन्वेंट में होते हैं। ये इस बीमार आराम की निरन्तरता में खलल नहीं चाहते। यही 'स्टेबिलिटी' का नारा लगाते हैं।

गुड़ की चाय

अस्पताल के प्राइवेट वार्ड में पलँग पर एक आदमी पड़ा है। मुलायम गद्दा है, तकिया है, कूलर है। उसे फलों का रस पड़े-पड़े मिल जाता है। विटामिन मिल जाते हैं। बिस्तर पर ही 'एनीमा' लगा दिया जाता है। उससे कहो—यार, जरा बाहर घूम-फिर आओ। वह कहेगा—नहीं, मुझे 'स्टेबिलिटी' चाहिए...।

कर कमल हो गए

पिछले महीने से अपने हाथ भी कमल हो गए हैं। मेरे पास तीन कॉलेजों के समारोहों के निमंत्रण-पत्र रखे हैं, जिनमें श्रीमान और श्रीमती जी से कहा गया है कि उद्घाटन इस अकिंचन के कर-कमलों से होगा। यह मैं कर भी आया। चरण-कमलों से मंच पर चढ़ा, कमल-नयनों से लोगों को देखा, कर-कमलों से फीता काटा और मुख-कमल से भाषण दे डाला। उन लोगों ने सिर्फ हाथों को कमल कहा था, मैंने शरीर-भर को कमल बना लिया। ऐसा देवताओं का होता था। राम के तो नाखून तक कमल के थे। देवताओं का एक काम तो मैं भी करता हूँ। आकाशवाणी करता हूँ। रेडियो से बोलता हूँ और रेडियो का हिन्दी नाम आकाशवाणी है। यों मैं विनोबा भावे से ज्यादा गांधी जी के रास्ते पर चलता हूँ। जिस रास्ते से रोज निकलता हूँ, उसका नाम ही महात्मा गांधी मार्ग है। नाम से

आदमी तर जाता है। उलटे नाम तक से तर जाता है। कोई 'मरा-मरा' चिल्ला रहा था तो राम ने उसे सीधा स्वर्ग भेज दिया। बड़े आदमी छोटा एहसान करके 'प्रोपेगेंडा स्टंट' साधते हैं। वैष्णव इस स्टंट को समझे ही नहीं और स्तुति गाने लगे।

मेरे एक दोस्त के कर भी कमल हो गए हैं। मुझसे कुछ बेहतर क्वालिटी के। क्योंकि वे पाँच उद्घाटन इस मौसम में कर चुके हैं। वे मेरे हाथ उलट-पलटकर देखते हैं, और मैं उनके देखता हूँ। वे कहते हैं—'यार, दोनों के हाथ एकाएक कमल जैसे हो गए? यह बात क्या है?'

सचमुच यह बात क्या है? मैंने भरसक कोशिश की है कि हाथ कमल न हो जाएँ। हथेली पर मैंने काँटे बोए हैं। मगर न जाने क्या हुआ कि कर एकाएक कमल हो गए। अब मैं परेशान हूँ। जिनके हाथ मुझसे पहले कमल हो गए थे, उनकी दुर्दशा मैं देख रहा हूँ। वे कर-कमलों से उद्घाटन करने जाते हैं, और मुख-कमल खोलते हैं, तो माइक की तबीयत चाँटा जड़ देने की होती है। अभी वह जब्त किए है, पर एक वक्त ऐसा आएगा, जब माइक मुख-कमल में घुसकर टेटरी बन्द कर देगा। कर-कमल वाले मुँह खोलते हैं कि लड़के चिल्लाते हैं, 'भाषण नहीं नौकरी दो!' वे सँभलकर कहते हैं, 'यह देश तुम युवकों का है।' लड़के चिल्लाते हैं, 'बकवास बन्द करो।' वे कहते हैं, 'इस देश का तुम्हें निर्माण करना है।' लड़के कहते हैं, 'चुप रह बे!' वे कहते हैं, 'हमें तुमसे बड़ी-बड़ी आशाएँ हैं।' लड़के चिल्लाते हैं, 'शटप!' फिर घेराव, नारे, जूता-फेंक और कभी पिटाई भी।

ये कमल अब कॉलेजों में जाने से डरने लगे हैं। उद्घाटन करनेवालों का टोटा पड़ने लगा था। जूता मारने को कमल तो चाहिए ही। अब मुझ जैसे लोगों के कर-कमल बना दिए गए हैं। सार्वजनिक जिन्दगी में एक ऐसा वक्त आता है जब आदमी कमल हो जाता है। फिर ऐसा वक्त आता है, जब कमल पर जूते पड़ते हैं।

अखबार में यह जिनका चित्र है, उनके हाथ पिछले पन्द्रह सालों से कमल हैं।

सैकड़ों निमंत्रण-पत्र इसके प्रमाण हैं। कल ही एक विश्वविद्यालय में अच्छी-अच्छी बातें कहते हुए वे पिट गए। आजकल देख रहा हूँ कि अच्छी बातें कहनेवाले ज्यादा पिट रहे हैं। अब अच्छी बातें कहने का हक किसी को लोग देना नहीं चाहते। जिस देश में अच्छी बातें कहने से आदमी पिट जाए, उसमें अच्छी बातें कहनेवालों ने क्या गजब न किया होगा?

शिकायत मुझे भी है

कल मुख-कमल से अच्छी बातें कहते हुए जो पिट गए थे, वे इस चित्र में मुस्कराते हुए पालम हवाई अड्डे पर विदेशी अतिथि का स्वागत कर रहे हैं। विदेशी राज-अतिथि की मुस्कान इतनी अच्छी है कि लगता है, वे भी अपने देश में पिटकर हवाई जहाज में बैठे होंगे। बिना पिटे ऐसी अच्छी मुस्कान नहीं आ सकती, यह हमारा पिटकर मुस्कराने वाला बता रहा है। इस देश में यह बड़ी अजब बात है कि जो जितना पिटता है, वह उतना ही अच्छा मुस्कराता है।

विदेशी राज-अतिथि से अपना यह कमलवाला क्या कह रहा है! वह जो कहता है, अखबारों में नहीं छपता। वह कहता है—'साहब, हमारी शर्म अब बीस-बाईस साल की जवान लड़की हो गई है। मगर वह नंगी रहती है। जब आप आते हैं तो आपकी मुस्कान की रेशमी साड़ी अपनी नंगी शर्म को पहनाकर आपके सामने पेश करते हैं। आप इससे शादी कर लीजिए, यह पूर्ण शीलवती है। हमने हर चीज का शील भंग हो जाने दिया है, पर शर्म के शील की रक्षा की है!'

इसके बाद वह अपने कर-कमलों से दो दर्शनी हुंडियाँ निकालेगा—एक चीन की और दूसरी पाकिस्तान की और फौरन भुगतान करा लेगा। फिर वह किसी जादू से चीन और पाकिस्तान के बच्चों को डराने के 'बाबा' बना लेगा। बच्चे भूख के कारण रोएँगे, तो वह कहेगा—'चुप, सो जा। बाबा आ रहे हैं। चीन और पाकिस्तान पकड़कर ले जाएँगे।' बच्चे डर से भूख को मारकर सो जाएँगे।

विदेशी फिर कहेगा—'आपके देश की महान् संस्कृति है।' अपना कमल कहेगा—'संस्कृति की हड्डी को अब कुत्ते चबाते घूम रहे हैं। संस्कृति की हड्डी कुत्ते का जबड़ा फोड़कर उसका खून उसी को स्वाद से चटवा रही है। हाँ, हम विश्वबन्धुत्व भी मानते हैं, यानी अपने भाई के सिवा बाकी दुनिया-भर को भाई मानते हैं।'

ये कमल अब पुलिस की सुरक्षा में खिलते हैं। यह नई किस्म का कमल इस देश में पैदा हुआ है, जो तभी खिलता है, जब आसपास पुलिस हो। वनस्पति-शास्त्रियों को इसका अध्ययन करना चाहिए। नृतत्वशास्त्रियों के काम का यह नहीं है, क्योंकि यह आदमी नहीं, कमल है। कमल सूर्य को देखकर खिलता है, सूर्यास्त पर बन्द हो जाता है। यह नया कमल पुलिस को देखकर खिलता है, पुलिस न दिखे तो मुरझा जाता है। बड़ा सुन्दर दृश्य होता है। आगे पुलिस, पीछे पुलिस, बाएँ पुलिस, दाएँ पुलिस और बीच में यह कमल मुस्कराता चला जाता है। एक सूखा सरोवर है, जिसमें खाकी लहरें उठ रही हैं। खाकी लहरों के बीच यह कमल खिलता है।

कर कमल हो गए

जब लोग करों को कमल बनाने पर तुले ही हैं तो अपने बारे में चिन्ता हो गई है। कैसे यह रोल निभेगा? एक तो मैं हरगिज अच्छी बातें नहीं कहूँगा। इस देश का आदमी लगातार अच्छी बातों से मारा गया है। बहुत लोगों का खयाल है कि जवाहरलाल शेरवानी में गुलाब का फूल न खोंसकर भटकटैया खोंसते तो ज्यादा अच्छा होता। लगातार अच्छी बातों से मारा, सुन्दर फूल से मारा। मैं अगर अपने मुख-कमल से कोरी अच्छी बातें करूँ तो सामने बैठे लोग मुझे फौरन जूता मार दें। मगर बहुतों के पैरों में जूते नहीं हैं। ये क्या मारेंगे? संविधान में जूते मारने का बुनियादी अधिकार तो होना ही चाहिए। आदमी के पेट में अन्न न हो, शरीर पर कपड़े न हों, पर पाँवों में जूता जरूर होना चाहिए, जिससे वह जब चाहे बुनियादी अधिकार का उपयोग कर सके।

मैं कोई अच्छी बात नहीं कहता। मैं तो 'उद्घाटन' को भी बुरा शब्द मानता हूँ। साहित्य में जो अपने को विद्रोही पीढ़ी कहती है उसके एक संकलन का उद्घाटन करने के लिए मुझे बुला लिया गया था। मैंने देखा, वैसा ही सुनहला निमंत्रण-पत्र—उसमें वही 'उपस्थिति से शोभा' बढ़ाने की बात, पुस्तक पर रंगीन कागज और उस पर बँधा वही रेशमी पीला फीता। इसमें विद्रोही पीढ़ीपन कहाँ है? मैंने माइक हाथ में लेते ही कहा—'विद्रोही पीढ़ी का उद्घाटन समारोह नहीं, 'विस्फोटन' समारोह होना चाहिए। निमंत्रण-पत्र पर होना चाहिए—हमारे काव्य-संकलन का विस्फोटन अमुक वक्त पर होगा। तुम्हें आना हो तो आओ वरना ऐसी-तैसी कराओ।' यह बात तरुणों को अच्छी लगी। बात अच्छी नहीं, नहीं है न!

सफल कमल होने की मैं पूरी कोशिश करूँगा। सारे हथकंडे सीखूँगा। गुरुओं की कमी नहीं है। एक गुरु को मैंने पिछले साल पा लिया। वे मेरे शहर में एक समारोह का उद्घाटन कर रहे थे। बहुत भाव-विभोर होकर बोले—'अहा, जबलपुर! पुण्यभूमि है। यहाँ की मिट्टी में इतिहास बिखरा पड़ा है। यहाँ की धूल चन्दन है। मैं उसे मस्तक से लगाता हूँ।' उन्होंने जेब से धूल की एक पुड़िया निकाली और कपाल पर लगा ली। साहब, पूरा हॉल मुग्ध हो गया और उन्होंने घंटे-भर भाषण खींच दिया।

मैं उनके पीछे लग गया। सागर में एक समारोह का उद्घाटन करते हुए उन्होंने फिर कहा—'अहा, सागर! यह पुण्यभूमि है। यहाँ की मिट्टी में इतिहास बिखरा पड़ा है। यहाँ की धूल चन्दन है। मैं इसे मस्तक से लगाता हूँ।' उन्होंने फिर जेब से पुड़िया निकाली और कपाल पर धूल लगा ली। सागरवाले भी मुग्ध होकर उन्हें सुनते रहे।

फिर वे बरेली पहुँचे। वहाँ वे बोले—'अहा, बरेली! यह पुण्यभूमि है। यहाँ की मिट्टी में इतिहास बिखरा पड़ा है। यहाँ की धूल चन्दन है। मैं इसे मस्तक पर लगाता हूँ।' पुड़िया निकालकर फिर उन्होंने धूल लगा ली। वे घर से धूल की पुड़िया जेब में डालकर चलते हैं।

यह गुर अच्छा है। मगर यह गुरु के नगर में फेल हो जाता है। शिवकुमार बताता है कि मैं उन्हीं गुरु के शहर गया हुआ था। समारोह की अध्यक्षता वही कर रहे थे। मैंने भावुकता से कहा—'अहा, यह नगरी पुण्यभूमि है। इसकी मिट्टी में इतिहास बिखरा पड़ा है।' लोग हँसने लगे। मैं पुड़िया निकालकर कपाल पर धूल लगा ही नहीं सका।

तरकीबें कई हैं। एक तरकीब हर मौके पर काम नहीं करती। तरकीबें मुझे भी बहुत आती हैं। पर मेरे मित्र फिर कहते हैं—'अपने हाथ एकाएक कमल कैसे हो गए? आखिर यह क्या हो गया?'

वे ही सोचकर जवाब देते हैं—'हम लोग बुद्धिजीवी हैं। बुद्धिजीवी का रुतबा बढ़ रहा है।'

हाँ, बढ़ तो रहा है। इस देश के बुद्धिजीवी सब शेर हैं। पर वे सियारों की बारात में बैंड बजाते हैं!

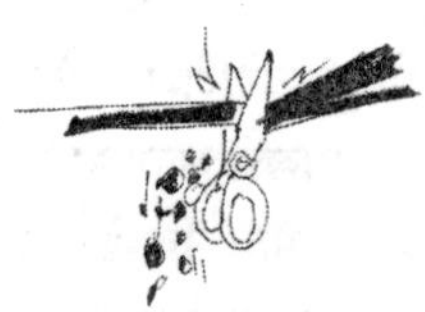

असफल कवि-सम्मेलनों का सफल अध्यक्ष

पैसे के लोभ में आदमी अध्यक्ष बन जाता है। ऐसा एक आदमी मैं हूँ। कोई पैसा दे तो मैं फौरन आदमी से अध्यक्ष हो जाता हूँ, जैसे बड़े वेतन के लोभ में कई लोग आदमी से हेडमास्टर हो जाते हैं। सैकड़ों समारोहों की अध्यक्षता मैं कर चुका हूँ। इनमें ज्यादा कवि-सम्मेलन हैं। कवि-सम्मेलन मैं अच्छा जमा देता हूँ। सब कवियों को ऐसा जमा देता हूँ कि श्रोता यह तय ही नहीं कर पाते कि कौन कवि अच्छा है और कौन घटिया। ऐसे घटिया कवियों का मैं बड़ा प्यारा अध्यक्ष हूँ। जितना भी घटिया कवि हो, उसे मैं उतना ही ज्यादा जमा देता हूँ। जब वह पढ़ता है, तब मैं मग्न होकर खूब जोर से सिर हिलाकर दाद देता हूँ। लोग समझते हैं कि रचना विशिष्ट है। अभी लोगों को यह भ्रम बना हुआ है कि अध्यक्ष उनसे ज्यादा समझदार होता है। वे मेरा सिर हिलता देखकर या तो दाद देने लगते हैं या चुपचाप सुन लेते हैं—यह सोचकर कि चीज ऊँची है और अपने सिर पर से निकली जा रही है।

शिकायत मुझे भी है

अध्यक्षता के काफी संकटपूर्ण क्षणों में से गुजर चुका हूँ। एक शहर के कॉलेज के स्नेह-सम्मेलन में पहुँचा था। कॉलेज में प्रवेश करने लगा तो देखा कि फाटक के दोनों तरफ 'स्वागतम्' के बदले प्रिंसिपल का कार्टून बना था और उन्हें गालियाँ लिखी थीं। समझ गया कि अपनी कब्र यहाँ खुद कर तैयार है। कवि-मंडली के साथ मंच पर पहुँचा तो सामने विकट हुल्लड़ करते हजारेक लड़के। कई के हाथों में हॉकी-स्टिक। कवि पढ़ने के लिए खड़ा होता, तो तरह-तरह की बोलियाँ चालू हो जातीं और गगनभेदी हूटिंग होती। ऐसी व्यवस्थित हूटिंग मैंने कहीं और नहीं देखी। कोई कवि दो पंक्तियों से ऊपर नहीं पढ़ सका। मैं कहता—'कवि-सम्मेलन समाप्त कर दिया जाए?' वे जोर से चिल्लाते—'नहीं, चलने दीजिए।' एक प्रोफेसर साहब को सूझा कि मंच पर बैठी एकमात्र कवयित्री को पेश कर दिया जाए, तो लड़के शान्त हो जाएँगे। कवयित्री अधेड़ थी। पर प्रोफेसर साहब ने माइक पर कहा—'अब कलेजा थामकर बैठिए। जिनका आप बड़ी बेताबी से इन्तजार कर रहे थे, वह आपके सामने आ रही हैं।' गुरु आखिर गुरु ही है। इस हल्के रिमार्क से हुल्लड़ और बढ़ा। अधेड़ कवयित्री को जवान लड़कों की आवाजकशी का सुख मिला। तभी बिजली गुल हो गई। कवयित्री से मैंने पूछा—'क्या आप अब भी कविता पढ़ेंगी?' वह बोलीं—'हाँ, लेकिन लाइट तो आ जाने दीजिए।' मैंने मान लिया कि रानी लक्ष्मीबाई के बाद यह दूसरी वीर नारी इस देश में हुई। लक्ष्मीबाई अंग्रेजों की फौज से लड़ी होंगी, पर ऐसे माहौल में कविता पढ़ने की हिम्मत उनकी भी न होती। वह माइक के सामने खड़ी हुईं, तो खूब जोर की आवाजें आने लगीं। दो पंक्तियों पर वह बैठ गईं। इस वक्त मुझे पकड़ सूझ गई। मैंने कहा—'दोस्तो, मैं जबलपुर का रहनेवाला हूँ और जो यह मामला आप कर रहे हैं, उसमें हमारे शहर के लोग उस्ताद माने जाते हैं। हमारे शहर के लड़के भी बड़े जोरदार हैं, पर आप उनसे बहुत ऊँचे निकल गए। हमारे लड़के तो जवान लड़कियों को छेड़ते हैं, पर आप तो अम्मा को भी छेड़ लेते हैं।'

बात कुछ ऐसी चिपकी कि सन्नाटा छा गया। मैंने बगल में बैठे कवि रामविलास शर्मा से कहा—'यह जो सेंध बन गई है, इसमें से तुम फौरन निकल जाओ।' रामविलास तीन मिनट की कविता सकुशल पढ़कर शान से बैठ गए।

मुसीबत यह कि लड़के न सुन रहे थे, न कार्यक्रम खत्म करने देते थे। आखिर अलौकिक शक्ति ने रक्षा की। इन्द्र ने जोर की वर्षा भेजी और हमारी जान बचाई।

असफल कवि-सम्मेलनों का सफल अध्यक्ष

एक कवि-सम्मेलन में मेरे एक मित्र कवि ने मेरी बड़ी आफत की। विरोधी गुट के लोगों ने उन्हें खूब पिलाई और जब कवि-सम्मेलन जोर पर था, उन्हें लाकर छोड़ गए—जैसे सभा बिगाड़ने को साँड़ छोड़ दिया जाता है। वह झूमते हुए मंच पर चढ़े और पढ़ रहे कवि से माइक छीनने लगे। बोले—'मैं पढ़ूँगा।' मैंने समझाया—'इनके बाद पढ़ना।' वह बोले—'नहीं, मैं पढ़ूँगा। मैं इस क्षेत्र का लाड़ला कवि हूँ। जनता मुझे सुनने आई है।' मैंने फिर उसे रोका तो वह उखड़ गया—'तुम्हें किसने अध्यक्ष बनाया? तुम गद्य लेखक हो। तुम कवि-सम्मेलन के अध्यक्ष कैसे हो सकते हो? मैं अध्यक्ष हूँ। मैं पढ़ूँगा।' वह मेरा दोस्त है। बेतकल्लुफी के सम्बन्ध हैं। मैंने कान में कहा—'मैं तुझे लात मारूँगा।' उसने माइक पर जोर से कहा—'सुन लीजिए, यह कहते हैं, मुझे लात मारेंगे। इस क्षेत्र के लाड़ले कवि को यह लात मारेंगे और आप देखते रहेंगे।'

मैंने तथा और लोगों ने भी बहुत कोशिश की, मगर क्षेत्रीय लाड़ले ने कवि-सम्मेलन उखाड़ दिया। अध्यक्ष की ऐसी गत और कहीं नहीं हुई होगी।

एक और समारोह में मैंने देखा कि दस-पन्द्रह लोग जहाँ-तहाँ खड़े हैं और बार-बार आवाज लगा रहे हैं। वे पेशेवर उखाड़ू थे। मैंने समझाया, प्रार्थना की, डाँटा भी, पर वे बाज नहीं आए। मैं असहाय हो गया था। आखिर एक तरकीब सूझी। मैंने कहा—'ये आवाज करनेवाले सुनना नहीं चाहते, पर उनके आसपास के लोग सुनना चाहते हैं।' अब जब कोई बीच में आवाज करे, तो आसपास के चार-छह लोग उसके चरणों पर गिरकर कहें—'प्रभो, हमें सुन लेने दीजिए।' कुछ लोगों ने मेरी इस सलाह को गम्भीरता से ले लिया। अगली बार जब आवाजें आईं तब दो जगह लोग सचमुच आवाजक के चरणों पर गिर पड़े। वह झेंपकर वहाँ से चले गए। बाकी विघ्नकारी इस डर से चुप खड़े रहे कि कहीं लोग उनके चरणों पर न गिर पड़ें।

हाल में ही एक असफल कवि-सम्मेलन की अध्यक्षता करके लौटा हूँ। इस बदनामी से बाजार में साख को बड़ा धक्का पहुँचा है। उस शहर में अच्छे कवि-सम्मेलनों की लम्बी परम्परा है। सारा शहर कवि-सम्मेलन की मानसिकता से ग्रस्त है। बड़े शौक से, बहुत पैसा खर्च करके वे लोग कवि-सम्मेलन करते हैं। मंच पर कवियों से घिरा पहुँचा। एक कवि ने फौरन एक चार पंक्तियों का पद लिखा, जिसमें मेरी प्रशस्ति थी। मैं अध्यक्ष था न ! मैंने कहा—'मैं यहाँ हाजिर हूँ। यहाँ मत पढ़िए। कहीं और पढ़िए और मुझे कार्ड लिखकर सूचित कर दीजिए कि

पढ़ दिया।' वह बोले—'इसमें क्या हर्ज है। ये तो मेरे हृदय के उद्गार हैं।' मैंने कहा—'मगर आपके हृदय के उद्गार से मेरा तो नाश हो जाएगा।'

खैर, कविता-पाठ शुरू हुआ। एक, दो, तीन—सब उखड़ा-उखड़ा। संयोजक मेरे पास आकर घबराकर बोले—'कुछ करिए साहब! कवि-सम्मेलन जम नहीं रहा। लोग शिकायत कर रहे हैं।' मैंने कवियों से कहा। उन्होंने सारी तरकीबें लगाईं। एक ने खूब जोर से कविता पढ़ी—'ऐ अयूब, माओ और चाऊ, सुनो, तुम्हें भारत का नौजवान कच्चा चबाने आ रहा है!' इससे भी कुछ खास नहीं हुआ। तब दूसरा फार्मूला काम में लाया गया—'आजा मोरे बालमा तेरा इन्तजार है।' इससे भी स्कूली लड़के ही हँसे। संयोजकों के चेहरे उतर रहे थे। मैंने सोचा, मैं ही कुछ करूँ। मैंने अपनी दो-तीन लघु कथाएँ सुना दीं। दो जमीं, तीसरी सपाट हो गई। थोड़ी देर बाद मेरे पास चिट आ गई कि हम कविता सुनने आए हैं। आप कहानी सुनाकर समय क्यों नष्ट करते हैं। मैं और पस्त हो गया। एक काव्य-प्रेमी बेहद पीकर मंच पर बैठ गए। एक विचित्र आवाज करके एकदम टिटहरी हो गए—टाँगें आसमान की तरफ तान दीं। यह देखकर श्रोताओं में हलचल मच गई। एक आदमी उन्हें लेकर बाहर चला और मैंने माइक पर कहा—'उन्हें तमाखू लग गई है।' उधर से सैकड़ों आवाजें आईं—'तमाखू नहीं लगी।' थोड़ी देर और खींचकर मैंने कवि-सम्मेलन समाप्त कर दिया। श्रोता निराश और संयोजक दुखी।

रात का एक बजा होगा। संयोजक लोग दरियाँ, गद्दे, तकिए लेकर जो गए, तो सुबह दस बजे तक लौटे ही नहीं। जहाँ कवि उतरे थे, वहाँ का नौकर भी गायब। उसे भी कवि-सम्मेलन की असफलता का आघात लगा था। कवि सबेरे बाल्टी लेकर कुएँ से पानी लाए और शौचादि से निवृत्त हुए। मैं जरा अघोरी प्रवृत्ति का आदमी हूँ। तमाखू मुँह में डाले बिस्तर पर बैठा-बैठा देख रहा था। कवि परेशान थे। गाड़ियों का वक्त हो रहा था, बिस्तर बँधे रखे थे, मगर संयोजक पैसा देने नहीं आ रहे थे। सुबह से कई खबरें भेज चुके थे। पर कोई नहीं आ रहा था। कवि मुझसे बोले—'आप अध्यक्ष हैं। हमारे पैसे दिलाइए।' मैंने कहा—'अध्यक्ष तो मैं रात को था। अब नहीं हूँ। वैसे भी काम सफाई का दारोगा करता है, पर मजदूरी ओवरसियर देता है। मैं तो दारोगा हूँ। वह ओवरसियर है।'

एक कवि 'पान के ठेले' से लौटकर आए, तो बहुत घबराए हुए थे। कहने लगे—'ठेले पर लोग बात कर रहे थे कि कवि-सम्मेलन फेल हो गया है, इसलिए संयोजक लोग कवियों के आधे पैसे काटनेवाले हैं।'

इस बात से सन्नाटा खिंच गया। कवि क्रोधित थे और दुखी भी। आखिर ग्यारह बजे संयोजक लोग आए—निहायत पस्त और परेशान, जैसे महीने-भर से बीमार हों। मैंने कहा—'आप लोगों ने कवियों की कोई खबर ही नहीं ली।' वे बोले—'अरे साहब, हमारा तो मुँह काला हो गया। शहर में मुँह नहीं दिखा सकते। चन्दा देनेवालों को क्या जवाब देंगे?' एक कवि ने कहा—'इसमें हमारा क्या कसूर? आपके श्रोता ही ऐसे थे।' संयोजक तैश में बोले—'श्रोता हमने कल ही तो पैदा करके नहीं बैठा दिए थे। पचीसों सालों से श्रोता हैं वे। पर ऐसा कभी नहीं हुआ।'

इसके बाद वे लोग सचमुच आधा-आधा पैसा देने लगे। तब चख-चख शुरू हुई। कवियों ने कहा—'हमें इतने रुपए देने की चिट्ठी लिखी थी।' संयोजक ने कहा—'नहीं साहब, इतने की चिट्ठी नहीं लिखी। चिट्ठी दिखाइए।'

एक कवि चिट्ठी लेते आए थे। उन्होंने मुझे दे दी। मैंने दिखाकर कहा—'इसमें दो सौ रुपए देना लिखा है। अब आप शायद खुफिया-विभाग की रिपोर्ट बुलाएँगे। चाल-चलन अच्छा होगा, तो पूरे पैसे देंगे।'

लगभग एक घंटे तक बहसबाजी के बाद पैसा मिला और कविगण स्टेशन चले गए।

मैं सिर पकड़कर बैठ गया। काफी दर्द था। वह क्षण उपस्थित था, जब मैं तय कर लेता कि अब कभी अध्यक्षता नहीं करूँगा। पर कर नहीं सका। अध्यक्ष की पतंगे की तरह स्मृति नहीं होती। बार-बार लौ से जलता है, पर हर बार भूल जाता है कि इससे जला था। फिर लौ से लिपटने पहुँच जाता है।

छुट्टीवाला शोक

मेरा एक सहपाठी सारे राज्य में दो दिनों की छुट्टी कराके मर गया और मैं हीनभावना से ग्रस्त बैठा हूँ। सोचता हूँ और चिन्तित होता हूँ कि अभी तक एक घंटे की छुट्टी कराके मरने का इन्तजाम भी नहीं कर पाया। हम दो फूल एक साथ फूले थे—स्कूल में एक ही बेंच पर बैठते थे, साथ मूँगफली खाते थे, एक ही किताब से नकल करते थे। मगर किस्मत जुदा-जुदा हो गई—वह छुट्टी करा गया और मैं शोक सभाओं में उसके गुण गा रहा हूँ।

आज स्कूल मास्टरी की याद बहुत सता रही है। वह नौकरी न छोड़ता तो स्कूल में एक दिन की छुट्टी और शोक सभा होती। बहुत घटिया शिक्षकों की बहुत शानदार शोक सभाएँ मैं खुद करा चुका हूँ। एक पतली आशा है—जिस स्कूल में मैं कई साल काम कर चुका हूँ, वहाँ शायद छुट्टी हो जाए। मगर नहीं

होगी। वहाँ मैंने हड़ताल कराई थी और अभी मैनेजर वही है। वह छुट्टी नहीं करेगा। मैनेजर बदल जाए, तो आशा है। पर मेरे जैसे दस के मरने तक मैनेजर नहीं बदलेगा। मैनेजर अमर है, अध्यापक क्षणभंगुर है।

मेरा वह सहपाठी पहले ठेकेदार हुआ, फिर विधायक, फिर मंत्री। मंत्री रहते हुए मरना उसने ठीक समझा। अस्थिर सरकारों के दौर में छुट्टी कराके मरना है तो ठीक वक्त चुनना पड़ता है। कुछ दिनों की देर कर देता, तो पुनर्गठित मंत्रिमंडल में न रहता और तब मुहल्ले के स्कूल की छुट्टी भी न होती। ऐसा साधकर मरा है वह मेरा यार कि उसका शासकीय शोक खत्म होते ही नया मंत्रिमंडल बन गया। ऐसा साधकर मरा है कि इतवार भी साफ बच गया। अपनी छुट्टी उसने अलग करवाई। वरना मैंने ऐसे-ऐसे बेवकूफ देखे हैं, जो बीस-बीस साल मंत्री रहकर भी शनिवार की रात को मर जाते हैं और उनकी छुट्टी इतवार में समा जाती है।

उसके हृदय की गति ठीक वक्त देखकर रुक गई। यों उसका हृदय तो ठेकेदारी के दौर में ही फेल हो गया था। देश के इस दौर में हृदय को सही-सलामत रखकर कोई तरक्की नहीं कर सकता। ठेकेदारी सभ्यता की यह बड़ी वैज्ञानिक देन है कि सफल आदमी बन्द हुए हृदय को लेकर भी जिन्दा रहता है। ठेकेदारी करते-करते ज्यों ही उसका हृदय फेल हुआ, वह विधायक हो गया। विधायकों की परिचय-पुस्तिका में उसका फोटो समेत परिचय छपा था। पत्रकार उससे सवाल करते थे, वह जवाब देता था। विश्व-शान्ति का नुस्खा उसके पास था, पर वह बताता नहीं था। ऊँचे हकीम ऐसा ही करते हैं। एक दिन इंटरव्यू के दौरान पत्रकार ने उससे पूछा—आपकी हॉबी (शौक) क्या है? उसने कहा—मेरी हॉबी मानवतावाद है। मैंने कहा—यार, मानवतावाद भी क्या हॉबी है? उसने कहा था—हाँ, गांधी जी की हॉबी भी तो मानवतावादी थी।

मैं आश्वस्त हो गया था कि जिसकी हॉबी मानवतावाद है, वह और ऊँचा जाएगा। वह ऊँचा गया और ठीक वक्त चुनकर मर गया। सरकारी शोक की घोषणा हो गई। झंडे झुक गए। स्कूल से लौटते लड़के से मैंने पूछा—वापिस क्यों आ गए? उसने कहा—छुट्टी हो गई। कोई मर गया। जिला कचहरी के बाबू ने कहा—छुट्टी हो गई। कोई मंत्री मर गया। सरकार के हुक्म से सारा प्रदेश शोक में डूबा है। लड़के जिसे जानते नहीं, उसके शोक में गिल्ली खेल रहे हैं। बाबू लोग दु:ख में ब्रिज खेल रहे हैं। साहब लोग सुबह तक पी रहे हैं—कल तो छुट्टी है।

उधर धर्मराज मेरे सहपाठी से पूछते होंगे—जिसके मरने पर लोग छुट्टी मना रहे हैं, हँस-खेल रहे हैं, शराब पी रहे हैं, वह बड़ा बुरा आदमी रहा होगा। तुम्हें नर्क क्यों न दिया जाए? उसके वकील ने तब कहा होगा—योर लार्डशिप, जिसने मरकर लाखों दुखी प्राणियों को दो दिन की छुट्टी दी, खेलने-खाने का मौका दिया, वह इतने पुण्य से ही स्वर्ग का अधिकारी हो गया है। आपने गजटेड छुट्टियों के दिनों मरनेवालों तक को स्वर्ग दिया है। फिर यह तो इतवार तक को बरकाकर मरा है।

लेकिन मैं अभी उसे 'स्वर्गीय' नहीं कह सकता। बात यह है कि इधर निगरानी आयोग के सामने उसके विभाग के अकाल-राहत कार्य के घपले का मामला है। परलोक में अभी उसका मामला पेंडिंग में होगा और वह किसी धर्मशाला में बैठा निगरानी आयोग के फैसले की राह देख रहा होगा। मगर सरकारी सूत्रों का कहना है कि इधर राहत कार्य का पैसा खाने से उधर उसका केस नहीं बिगड़ेगा। भगवान का समानान्तर राहत कार्य चलता है। उसी के अन्तर्गत मंत्री, अफसर और ठेकेदार पैसा खाते हैं। उसने क्षुद्र मनुष्यों की सरकार का पैसा नहीं खाया। उसे भगवान की राहत योजना का पैसा मिला था।

मैंने एक शोक सभा में उसके विषय में भावुकतापूर्ण भाषण दिया था। कहा था—उनके रिक्त स्थान की पूर्ति होना बहुत कठिन है। (जो अकालग्रस्त मवेशियों का घास तक खा जाए, ऐसा आदमी रोज पैदा नहीं होता)। आगे कहा था—हमारा कर्तव्य है कि उनसे प्रेरणा लेकर उनके काम को आगे बढ़ाएँ। (याने अगले अकाल में राहत का पैसा हम लोग खाएँ) राहत विभाग के लोग सचमुच बहुत दुखी थे। रो रहे थे। कहते थे—ऐसा दरियादिल अब कोई नहीं बचा। फिर आँसू पोंछकर बोले—मगर साला हम लोगों को फँसाकर चला गया। मुझे भी लगता है कि मेरे सहपाठी को प्रसिद्ध 'राहत घपला कांड' को रफा-दफा कराके जाना था।

सरकारी शोक खत्म हो चुका है। इस देश में एकमात्र शोक सरकारी होता है। कभी-कभी मेरा मन किसी शोक से रोने को होता है पर नहीं रोता, क्योंकि सरकार का हुक्म नहीं है। जलपाईगुड़ी में हजारों आदमी बाढ़ में मारे गए, पर झंडा नहीं झुका और न सरकार ने इसे शोक के लायक समझा। यह प्राइवेट दुःख है। बंगाल में मंत्रिमंडल नहीं है। अगर होता और कोई मंत्री बाढ़ के वक्त मर जाता तो सरकार कहती—लोगो, तुम्हारे बाप, भाई, माँ, पत्नी, पुत्र मर गए हैं, सो ठीक है।

कीड़ो, तुम तो मरते ही रहते हो। मगर यह जो हमारा नायाब हीरा मर गया है, इसके लिए दो दिन शोक मनाओ। दो दिनों तक उसके शोक में लोग भी छुट्टी पर रहेंगे, जो मरनेवालों को बचा रहे हैं। आगे चलकर तो बेटे को सरकार से मंजूरी लेनी पड़ेगी—हुजूर, मेरा बाप मर गया है। आपकी आज्ञा हो तो मैं रो लूँ। सार्वजनिक शोक सिर्फ राजनीतिवालों का होता है। राष्ट्र सिर्फ उन पर आँसू बहाता है, जो राजनीतिक सत्ता पर रहते हुए मर जाते हैं। निराला होंगे युगान्तरकारी कवि, पर वे इलाहाबाद नगरपालिका के सदस्य तक नहीं थे। उनका शोक सार्वजनिक क्यों हो? बड़ा-से-बड़ा कवि मर जाए, राष्ट्र की बला से। पर अगर पुलिस मंत्री मर जाए तो राष्ट्र फूट-फूटकर रोता है—हाय, रोज लाठीचार्ज करवाने वाला मेरा लाड़ला चला गया। अब कौन ऐसा मिलेगा, जो इतनी रुचि से लाठीचार्ज कराएगा।

अभी जब हरिजन जिन्दा जलाए जा रहे थे, तब मुझे लगा था कि यह राष्ट्रीय शोक का मौका है—राष्ट्रध्वज फड़फड़ाकर फट पड़ेगा, संविधान के आँसू निकल पड़ेंगे, गांधी जी की मूर्ति सिर ठोंक लेगी। पर कुछ नहीं हुआ। गांधी जी ने 'हे राम' कहा होगा। पर राम ने खुद शम्बूक हरिजन को मारा था। वे कोई 'एक्शन' ले नहीं सकते थे। वे पहले से कमिटेड हैं।

मेरी समझ की भूल थी। इस साल गांधी शतवार्षिकी है। कम-से-कम सौ हरिजन तो जलाने ही पड़ेंगे। अभी तक चार के जलाने की खबर आई है। सवर्णो, जरा जल्दी करो। कुछ शर्म करो। दो महीने में चार हरिजन जलाओगे, तो आगामी 2 अक्तूबर तक सौ कैसे पूरे होंगे?

किसी सर्वोदयी ने तब कहा था—हरिजन भी इसी मातृभूमि के बेटे हैं। सही है। अभी मेरे देखते बीस-पच्चीस इन बेटों के झोंपड़े मातृभूमि की देह पर से उखाड़े गए हैं। वह जमीन उनकी नहीं थी। पर उनकी कहीं भी जमीन है क्या? जितनी जमीन मुर्दे को मिल जाती है, उतनी ही इन्हें झोंपड़ी डालने के लिए चाहिए। मगर इन बेवकूफों की गलती यह है कि ये उतनी जमीन जीवित अवस्था में चाहते हैं। देखते नहीं कि सारे हक मुर्दों के हिस्से में हो गए हैं।

सभी मातृभूमि के बेटे हैं—सही है। पर मातृभूमि के एक स्तन में दूध है, दूसरे में जहर। ये जहरवाले स्तन से लगे हैं। कभी बच्चा दूसरे स्तन की तरफ मुँह बढ़ाता है, तो थप्पड़ पड़ जाता है। जो दूधवाले स्तन से लगे हैं, उन्होंने तो स्तन में दुहने की मशीन लगा ली है। स्वचालित दुग्ध दोहन यंत्र। वे निहायत अश्लील ढंग से दूध पीते हैं।

इधर यह माता दोनों से एक-सी भक्ति की माँग भी करती है। मातृभूमि की भक्ति इनकम-टैक्स के हिसाब से तय होनी चाहिए। अब के देश पर हमला हो तो दुश्मन के सामने पहली कतार में उन्हें खड़ा करो, जिनके ऊपर सबसे ज्यादा आयकर बकाया है। जिसने दूध पिया है वह चुकाए भी। यह नहीं कि जहर पीनेवाला पच्चीस रुपए महीने पर सिपाही हो गया—उसने जान देकर मातृभूमि के किसी हिस्से की रक्षा कर ली। और हमने, जहाँ वह मरा है, वहाँ कारखाना डाल दिया, उसके खून पर नई फैक्टरी।

तुम फिर बहके परसाई। लौटो—'जोक' पर लौटो। अच्छा लौटा। बात सार्वजनिक शोक की थी न। एक बात से आगाह कर देना चाहता हूँ। बड़ों की मृत्यु की छुट्टी से एक खतरनाक बात पैदा हो रही है। कर्मचारियों को छुट्टी का लालच लग गया है। वे जब किसी बूढ़े मंत्री को या नगर परिषद के सदस्य को देखते हैं, तो जैसे भूखा रसगुल्ले को देखता है। सोचता—अहा, सत्तर के हो गए भैया जी! सालेक में छुट्टी दिलाते ही हैं। भैया जी, जरा जल्दी करिए न, छह महीने से कोई शोक की छुट्टी नहीं हुई। एक दिन की छुट्टी तो दिलाइए।

शहादत जो टल गई

हिन्दी के लिए शहीद होने का मौका अभी आया था, पर वह टल गया। हिन्दी माता मुझे धिक्कारती होगी। मेरा अपराध नहीं है। मैं तो प्रस्तुत था, पर ड्राइवर ने ऐन मौके पर बस को खाई में गिरने से बचा लिया। ड्राइवर हिन्दी-द्रोही है, जिसने एक हिन्दी लेखक को शहीद नहीं होने दिया।

सवाल उठ खड़ा होगा कि बस-दुर्घटना और हिन्दी-भक्ति का क्या सम्बन्ध है? है—आगे बताऊँगा। अभी थोड़ी देर 'सस्पेंस' पैदा करने का इरादा है।

शहीद होने की इच्छा बचपन से ही है। एक नेता हम लड़कों की प्रभात-फेरी निकलवाया करते थे। गाते थे—'आओ, प्यारे वीरो आओ, मातृभूमि पर बलि-बलि जाओ।' एक दिन गिरफ्तारी का मौका आया। हम सब उनके 'प्यारे वीर' एक जगह इन्तजार करने लगे कि अब नेता आएँगे और हमारा नेतृत्व करेंगे। हम शहीद हो

जाएँगे। पर खबर आई कि वे पाखाने में छिप गए हैं। हम लोग स्कूल चले गए। नेता पाखाने में छिप जाए, तो अनुयायियों को स्कूल चले जाना चाहिए। बाद में वे पकड़ लिए गए। पुलिस जानती है कि डरा हुआ देशभक्त 'बेडरूम' में नहीं, पाखाने में छिपता है। 'बेडरूम' में छिपनेवाले वीर 18वीं शताब्दी तक होते थे। रनिवास उनका इन्तजार करता रहता था कि वीर भागकर अब आए, अब आए।

अब हम प्यारे वीर क्या करते? हमारी स्कूल में हाजिरी लग चुकी थी। जिसकी कहीं हाजिरी लग जाए, वह शहीद कैसे हो सकता है। नेता को पहचानने में भूल हो गई थी। एक क्रान्तिकारी कवि को पहचानने में भी भूल हुई जा रही थी। उन्हें कविता में क्रान्तिदेवी के उरोज दिखते थे। एक दिन उन्होंने कविता पढ़ी, तो ऐसा लगा कि आज इन्हें क्रान्तिदेवी कहीं मिल जाए तो ये बलात्कार कर लें। हम छोटे लोगों ने तब आपस में कहा कि यारो, फिलहाल क्रान्तिकारिता छोड़ो। पहले इनसे क्रान्तिदेवी का शील बचाओ। क्रान्ति करने की तरह ही जरूरी है, क्रान्ति के शील की रक्षा। असावधानी के कारण दुनिया में कई क्रान्तियों का शीलभंग हो चुका है।

शहीद होने की इच्छा अभी भी पूरी होती नहीं दिखती। योगी बनने की भी इच्छा थी। महेश योगी का रुतबा देखकर बचपन की यह इच्छा फिर जागी। तब मैं योग का अर्थ 'टोटल' समझता था। गणित कमजोर था, इसलिए सोचा, अपने से 'योग' नहीं बनेगा। अब समझ आ रहा है कि योगी का 'टोटल' जरा बाद में होता है—जैसा महेश योगी का अब हो रहा है। रोकड़ शाम को मिलाई जाती है। मैं दुकान खुलते ही मिलाने लगा और घबड़ा गया।

योगी भी नहीं बन सका। वैसे लोग कहते हैं कि योगी बनने की 'स्टेज' आ रही है। शहादत और योग में से एक चुनना पड़ा तो मैं योग चुनूँगा। क्रान्तिकारी वैसे भी आगे चलकर आश्रम खोलते ही हैं।

उस बस ड्राइवर ने कैसे मुझे धोखा दिया, बताता हूँ। रात की बस में ग्वालियर से जबलपुर आ रहा था। रास्ते में हिन्दी-भक्तों ने तमाम अँगरेजी के 'रोड साइन' मिटा दिए थे। उनकी जगह हिन्दी में लिखे नहीं गए थे। आन्दोलनकारी तो सिर्फ मिटाता है, बनाता थोड़े ही है। लोककर्म विभाग ने भी हिन्दी में चेतावनी नहीं लिखी थी। वह लोककर्म विभाग है न! जब लोक मिटाने का कर्म करने पर तुला हो, तब विभाग क्यों दखल दे? एक बड़ा बोर्ड मिटा था। आगे समझ में आया कि उस पर लिखा होगा—'डेंजरस कर्ब अहेड'—आगे खतरनाक मोड़ है। खतरनाक मोड़ ही नहीं, खाई भी थी। बस तेजी में थी। ठीक मोड़ पर ड्राइवर

सँभल गया। उसने बड़ी कुशलता से बस को बचा लिया। किर्र-किर्र की आवाज हुई, झटका लगा, सोते और ऊँघते मुसाफिर एकदम चैतन्य हो गए। डर अच्छा टॉनिक है। बस तीन-चार इंच से ही बची होगी।

अगर बस गिर जाती, तो हम मर जाते। मरते तो बहुत लोग, पर मेरा मरना भाषा के इतिहास में विशेष महत्त्व रखता। मैं हिन्दी का लेखक हूँ। मेरी मौत इसलिए होती कि अँगरेजी की चेतावनी ड्राइवर ने नहीं ली। अँगरेजी में चेतावनी लेकर जीने से मरना बेहतर। अगर मैं रेलगाड़ी के सामने गिरकर मरने पर उतारू हूँ और कोई कहे—मृत्यु का वरण मत करो, तो मैं नहीं मरूँगा पर कोई कहे—'डोन्ट डाई' तो मैं फौरन मर जाऊँगा। भाषा पहले, प्राण बाद में। प्राणों से ज्यादा भाषा प्यारी होती है क्योंकि मुर्दा भी तो मातृभाषा की जय बोलता है। इसीलिए बहुत-सी बातें मुर्दों को ध्यान में रखकर की जा रही हैं।

ड्राइवर ने मेरे साथ धोखा किया। मुझे हिन्दी के लिए शहीद नहीं होने दिया। अगर मर जाता, तो कितनी शोहरत होती। आखिर मैं भी तो उन्हीं संस्कारी का बेटा हूँ, जो जिन्दगी को नकारकर मृत्यु के बाद सार्थकता चाहते हैं। बड़ी शोहरत होती। मेरी आत्मा किसी कोने से साथी लेखकों को ईर्ष्या से जलते देखती। जुलूस निकलता, जय के नारे लगते और टिप्पणियाँ छपतीं—'अमुक लेखक हिन्दी के लिए शहीद हो गया। लिखकर उससे हिन्दी की कोई सेवा नहीं हुई। कुछ हँसी-मजाक लिख लेता था। पर इस मौत से वह हिन्दी सेवकों का नेता हो गया। सारा हिन्दी-संसार उसके सामने नतमस्तक है।'

हिन्दी आन्दोलन के प्रमुख नेता आदर प्रकट करने के लिए अपना झंडा मेरे हाथ में दे देते, यह सोचकर कि बाद में ले लेंगे। पर मुर्दा जकड़ जाता है। झंडा मेरे हाथ में जकड़ जाता। खींचतान करते, पर झंडा छूटता नहीं। वे रोने लगते। लोग समझते वे शहीद के लिए रो रहे हैं, पर वास्तव में वे अपना झंडा छिन जाने के कारण रो रहे होते।

आन्दोलनों की यही 'ट्रेजेडी' कभी-कभी हो जाती है। इनके झंडे मुर्दों के हाथ में यह सोचकर दे दिए जाते हैं कि चाहे जब छीन लेंगे—आखिर मुर्दा ही तो है। पर मुर्दा झंडे को जकड़ लेता है और अपने साथ चिता पर ले जाता है। कितने ही झंडे मुर्दों के साथ चिता पर चले गए हैं।

लेकिन यह सब झूठ है। मैं कोई बेवकूफ नहीं हूँ कि जान देकर शहीद होऊँ। मैं भी बिना मरे शहीद होना चाहता हूँ। होते देखता हूँ, इसलिए होना चाहता हूँ। हो नहीं सकता, इसलिए जिन्दा शहीदों से ईर्ष्या करता हूँ। मैंने समझ लिया है कि होश-हवास

में मैं किसी भी भाषा का नेता नहीं बन सकता, क्योंकि होश-हवास में मैं वह कर नहीं सकता, जो साहित्य या भाषा में नेता बनने के लिए करना पड़ता है। मेरी एकमात्र उम्मीद 'एक्सीडेंट' है। और 'एक्सीडेंट' हो नहीं रहा है। इसलिए बड़ा फ्रस्ट्रेशन है।

भाषाओं को लेकर इतने आन्दोलन हो गए। मैं क्या उनमें शरीक नहीं हो सकता था? इतने खूबसूरत भाषायी दंगे हो गए। मजा आ गया। इस महान् देश में हर पवित्र और पूज्य चीज दंगे के काम आती है। दुनिया में कहीं भी गाय की पूजा नहीं होती, इसलिए वह दूध के काम आती है। यहाँ गाय पूजी जाती है, इसलिए दंगे के काम आती है। गाय के दूध से जिन बच्चों को पुष्ट होना चाहिए, वे गाय के दंगे में मारे जाते हैं। वाह माता! दुनिया में भाषा अभिव्यक्ति के काम आती है। इस देश में भाषा दंगे के काम आती है। पहले मैं बड़ा भोला था। भाषाओं को मैं बड़ी भली प्यारी बहनें समझता था—'भाषाभगिनी' कितना मधुर लगता था। अनुप्रास तो और मोहित करता था। पर अब समझ गया हूँ कि ये सब चुड़ैलें हैं। कई देवियाँ, अनुभव के बाद चुड़ैलें लगती हैं। किशोर नोट कर लें। ये भाषा-भगिनियाँ, जो चुड़ैलें हो गई हैं, एक-दूसरी के घरवाले की तनख्वाह देखकर जलती हैं और लड़ती हैं।

उस रात बस में बैठे-बैठे यही सोच रहा था। आधी रात से ऊपर हो गई थी। बाकी मुसाफिर सो गए थे या ऊँघ रहे थे। मेरे दाएँ और बाएँ सटकर बैठे यात्रियों से मैंने पाँच-छह घंटों में एक बात भी नहीं की थी। सुखद यात्रा का एक नुस्खा यह है कि बगलवाले से बातचीत का सम्बन्ध मत जोड़ो। सम्बन्ध जोड़ा कि वह तुम्हारा चैन हराम कर देगा। सवाल पर सवाल करेगा। एक सवाल जिसने मुझे बहुत 'बोर' कर दिया है वह है—क्यों साहब, इस देश का आखिर क्या होगा? एक बार मैंने खीजकर कह दिया था—मैं क्या जानूँ? जिनका देश है, उनसे पूछो। मैं न देश का मालिक, न उसका चौकीदार! उसे बुरा लगा। उसने कहीं मेरी रिपोर्ट की होगी। वह देशभक्त था। यों तो सूअर भी मातृभूमि को प्यार करता है। मगर मातृभूमि से उसे कौन चीज लेकर खाने का अधिकार है, यह हम सब जानते हैं।

मेरे वे दोनों अपरिचित सहयात्री अब नींद की झोंक में मेरी गोद में पड़े थे। रात बहुत बदमाश होती है। अपरिचित को गोद में डाल देती है। नींद आते ही उन्होंने मुझे माँ या प्रेमिका समझ लिया होगा। या सिर्फ बिस्तर समझा हो। मगर मैं जाग रहा था। सोचकर परेशान हो रहा था। और ड्राइवर को देख रहा था कि इसे ऊँघ तो नहीं आ रही। झाड़ देखता, खम्भे देखता—कहीं इनसे बस टकरा तो नहीं जाएगी। पुल आता तो आशंकित, सचेत हो जाता।

शहादत जो टल गई

कबीर ने कहा है—

सुखिया सब संसार है खावै और सोवै।
दुखिया दास कबीर है जागै और रोवै॥

बाकी यात्री झाँसी में खाकर ललितपुर में सो गए थे। मैं जाग रहा था और रो रहा था। चौकन्नापन का टैक्स हरएक को चुकाना पड़ता है। कोई शरीर के स्तर पर चुकाता है, कोई चेतना के स्तर पर। जो इस टैक्स की चोरी कर लेते हैं, वे बड़े सुखी होते हैं।

मेरठ के दंगे के वक्त मैं दिल्ली में था। लेखक मित्र बड़े परेशान थे। सोच रहे थे, लेखकों का एक सम्मेलन इस बढ़ती साम्प्रदायिकता और फासिस्टवाद पर विचार करने के लिए बुलाया जाए। कम-से-कम एक चेतावनी देने का कर्तव्य तो लेखकों को करना चाहिए। तब एक नए प्रतिष्ठित कवि से भी बात की। उसने कहा—मैं तो कवि हूँ। मेरा काम कविता करना है। मुझे इस सबसे क्या मतलब? और वह डोसा खाने लगा। खावै और सोवै।

यह तो ठीक है मगर सभी जागनेवाले रोते नहीं हैं। 'या निशा सर्वभूतानां तस्यां जागृति संयमी।' पर रात में सिर्फ संयमी ही नहीं जागते। अभी एक विश्वविद्यालय की बैठक में गया था। सौ-एक सदस्य होंगे। सब-के-सब सचेत, निःस्वार्थी और ईमानदार। इतने ईमानदार आदमी मैंने एक साथ कभी नहीं देखे थे। एक-दो ईमानदारों को तो मैं सह लेता हूँ। मगर पचासों ईमानदारों के बीच जी घबड़ाने लगता है। अभ्यास नहीं है। वे सब जाग रहे थे, सब चिन्तित थे। सब चौकन्ने थे और सब, विश्वविद्यालय के हित के लिए मरे जा रहे थे।

मगर—हरएक की बात में दाँव-पेच। सोचा, कबीरदास से कहूँ, बाबा मामला इतना सरल नहीं है कि 'जागै और रोवै'। जमाना जटिल हो गया है। यह भी होता है कि जागै और लूटै!

चुनाव और सुशील लेखक

लोग चुनाव में खड़े होने के बहाने ढूँढ़ते हैं। कोई कहता है, मित्रों के आग्रह से खड़ा होना पड़ा। किसी को जनता मजबूर करती है। यह अक्सर झूठ होता है। मित्र किसी को चुनाव लड़ने की सलाह देकर झंझट क्यों मोल लेंगे? प्रेम की तरह चुनाव लड़ने की भावना हृदय में अपने-आप पैदा होती है और फिर जैसे प्रेमी को समझाना असम्भव है, वैसे ही उम्मीदवार को। दोनों कफन का पेशगी इन्तजाम कर लेते हैं।

चुनाव लड़ने का सबसे वजनदार कारण मेरे पास है। मुझे गुप्तचर विभाग के लोगों ने सलाह दी है। यह गौरव इस महादेश में सिर्फ मुझे मिला है। पंडित नेहरू होंगे 'हृदय-सम्राट', पर खुफिया विभाग ने उन्हें भी चुनाव लड़ने की सलाह न दी होगी। खुफिया हृदय-सम्राट तो मैं ही हुआ। कल सुबह की बात है। घर के

पास के चौराहे पर खुफिया विभाग के दो अधिकारी मिल गए। पान-तमाखू हुआ। शहर के हालात की चर्चा हुई। इसी सिलसिले में एक ने कहा—इस बार तो आप भी चुनाव लड़ेंगे। दूसरे ने जोड़ा—लड़ जाइए। आपके चान्स अच्छे हैं। मेरे होंठ तक सवाल आ गया था—आपने कैसे जाना? मैं उसे भीतर ही गुटक गया। मुझे याद आ गई एक मित्र के उस दिलचस्प साले की, जो हर बात पर पूछता था—आपने कैसे जाना? एक दिन मैंने कहा—आज तो आप बहुत सुन्दर लग रहे हैं। उसने फौरन पूछा—आपने कैसे जाना? अगर कोई कहे कि सूर्य चमक रहा है, तो वह पूछेगा—आपने कैसे जाना?

पूछा नहीं, पर मन में सवाल उठता रहा कि इन लोगों ने कैसे जाना कि चान्स अच्छे हैं। सोचा, ये लोग जनता से सम्पर्क रखते हैं। पता लगाते रहते हैं। इनसे इस क्षेत्र के नागरिकों ने कहा होगा कि अगर इस क्षेत्र से परसाई जी इस बार खड़े नहीं हुए, तो हम लोग कहीं और जा बसेंगे। तमाम जगहों से ऐसे लोग खड़े होते हैं, जिनके उम्मीदवार होते ही जनता इलाका छोड़ने की सोचती है। इस बार परसाई जी को कहीं का 'मेम्बर' हो जाना चाहिए। मैंने सोचा, कम-से-कम जनता को विस्थापित होने से बचाने के लिए मुझे चुनाव लड़ लेना चाहिए। 'मेम्बर' बहुत लुभावना शब्द है। एक साहब नगरपालिका के मेम्बर हो गए थे। वे अग्रवाल थे। पर आगे उनका उपनाम मेम्बर हो गया—रामकिशन अग्रवाल से रामकिशन मेम्बर हो गए। आगे भी यही उपनाम चल रहा है। दो बेटे हैं—शिवप्रसाद मेम्बर और रामप्रसाद मेम्बर। एक मेम्बर सारे कुल को मेम्बर बना देता है।

मेरे मन में मोह पैदा हो गया। मैं कोई तपस्वी नहीं हूँ, पर राजनीतिक महत्त्वाकांक्षा जरूर मेनका है। पहले विश्वामित्र जैसे तपस्वी को मोह में फँसाती थी, अब मुझ जैसे मामूली हिन्दी लेखक पर अपना रूप और कौशल खर्च करती है। मैं हाथ जोड़कर कहता हूँ—सिस्टर, बड़े-बड़े सुनामधन्य श्रद्धेय, पुरस्कृत और अभिनन्दित लेखकों के पास जा। साहित्य के तपोवन के ऋषियों को क्या तू नहीं पहचानती? मैं तो इस आश्रम का 'बटुक' हूँ। उसने कहा—पहचानती हूँ और जानती भी हूँ कि जो जितना बड़ा ऋषि होता है वह उतनी ही जल्दी फिसलता है। वह तो बैठा-बैठा अप्सरा की राह ही देखा करता है। उनसे तो हमारी दासी ही निपट लेती है। बटुक जरा कठिन होता है। आजकल हम उसी पर ध्यान दे रही हैं।

शिकायत मुझे भी है

बड़ी उलझन में पड़ गया हूँ। सपने देखने लगा हूँ। आखिर यह बात उठी कैसे कि मैं चुनाव लड़ूँगा। शायद लोग कहते होंगे—यह आदमी नौकरी नहीं करता, राजनीतिवालों के साथ देखा जाता है, भाषण ज्यादा देता है, लोगों में ज्यादा मिलता-जुलता है, कुर्ता, पाजामा, जाकिट, शेरवानी पहनता है—आखिर यह चुनाव क्यों नहीं लड़ता! अरे, या तो नौकरी कर या चुनाव लड़! कुछ और लोग कहते होंगे—यह कितना ही निर्लिप्त बने, देख लेना, यह एक दिन जरूर चुनाव लड़ेगा। इसकी सारी बनावट चुनाव लड़नेवाली जैसी है। साहित्य के आदमी की अन्तिम परिणति साहित्येतर किसी क्षेत्र में होती है। जो कवि कहलाता रहा, उसकी मृत्यु पर सिर्फ कांग्रेस कमेटी की शोक-सभा होती है। एक साहित्यकार की शव-यात्रा में किराना व्यापारी ज्यादा थे। एक वयोवृद्ध लेखक की वर्षगाँठ सर्वोदयवाले ही मनाते हैं। एक 'स्टेज' के बाद लेखक साहित्य की जमीन से उड़कर राजनीति, व्यवसाय या नौकरी के पेड़ पर बैठ जाता है। लोग सोचते होंगे कि यह भी अब उड़ा, अब उड़ा। मगर हर उड़ने के मौसम के बाद मैं फिर इन्हीं सड़कों पर दिख जाता हूँ। वे कहते होंगे—इस कमबख्त के पंख ही नहीं हैं। इतने पेड़ खड़े हैं। जरा पंख फड़फड़ाए तो पेड़ पर पहुँच जाए। पर इसे तो जमीन ने बाँध रखा है। तब कुछ सयाने कहते होंगे—इसे सीधा मत समझो। घाघ है। साधु बना हुआ मौका ताक रहा है। किसी दिन यह जरूर चुनाव लड़ेगा।

नौकरी या चुनाव, ये दो विकल्प मुझे कई सालों से दिए गए हैं। कुछ लोग ऐसे भी हैं जो मेरे प्रति मात्र करुणा रखते हैं। वे यह नहीं मानते कि मैं महत्त्वाकांक्षी हूँ। उनका खयाल है कि इस बेचारे को पढ़ा-लिखा होने के बावजूद नौकरी नहीं मिलती। बड़ा खराब जमाना आ गया। एक वयोवृद्ध अध्यापक सहज दया से कहते हैं—बेचारा खासा पढ़ा-लिखा है। हिन्दी अच्छी लिख लेता है। पर इसे नौकरी नहीं मिलती। इधर रेडियो की शाखा खुली, तो उन्होंने लोगों से कहा—अब इसकी नौकरी लग जाएगी। कुछ महीने बाद मुझसे पूछा—क्यों, नौकरी लगी?

मैंने कहा—नहीं। उन्होंने कहा—तुमने कोशिश ही नहीं की होगी। एक आदमी जो खुद उठाईगीरा है, जब भी मुझे मिलता है, कहता है—कहीं चिपक जाओ। ऐसे कब तक बेकार घूमते रहोगे।

मैं शायद कुछ 'हो जाने' का महत्त्व समझता नहीं हूँ। साहित्य का अदना-से-अदना सेवक भी यह समझता है। एक साहित्यिक बन्धु मुझे जब-तब मिल जाते हैं। पाँच-दस मिनट साहित्यिक चर्चा करते हैं। वह इस तरह होती है—

वे—माचवे जी हिन्दी परामर्शदाता हो गए।

मैं—हाँ।

—अज्ञेय 'दिनमान' के सम्पादक हो गए।

—हाँ।

—भारती तो पहले ही भरती हो गए थे।

—हाँ।

—सुरेश अवस्थी अकादमी के मंत्री हो गए।

—हाँ।

—कमलेश्वर भी बम्बई जा रहे हैं।

—हाँ, सुना है।

—बच्चन राज्यसभा के सदस्य हो गए।

—हाँ।

—राकेश के बारे में अभी कुछ नहीं सुना!

—अभी तक तो नहीं।

—दिनकर जी ने अच्छा हाथ मारा।

—(चुप)

—और क्या चल रहा है?

—सब ठीक है।

—अच्छा, चलूँ।

—अच्छा।

लगभग ऐसा ही वार्तालाप हर मुलाकात में होता है। जो 'हो' जाते हैं, उनसे उनका दूर का भी सम्बन्ध नहीं है, पर हिन्दी के एक सेवक के नाते, वे यह जानकारी रखना और देना अपना कर्तव्य समझते हैं कि कौन लेखक किस नौकरी पर है। क्या लिखा जा रहा है, इसमें हिन्दी के सेवक को कोई दिलचस्पी नहीं।

अब तक पाठक कहने लगा होगा—बड़ा पाखंडी है। देखो, ऐसी बात कर रहा है, जैसे इसे कोई लाभ ही नहीं है। लोभ से कोई अछूता नहीं है। नकारने का कारण हमेशा निर्लोभ ही नहीं होता। तुलसीदास ने मनसबदारी नकार दी थी, यह कहकर कि 'अब तुलसी का होहिंगे नर के मनसबदार।' मगर उन्हें भी विश्वास था कि अपना पट्टा रघुवीर के दरबार में लिखा गया है। तुलसीदास ने सोचा होगा—मनसबदारी में बड़ी झंझट है। अपनी चादर छोड़कर न जाने कैसा जामा

और चोगा पहनना पड़ेगा। वर्दी चपरासी की भी होती है और मनसबदार की भी। दरबार में खास ढंग से उठना, बैठना, झुकना पड़ेगा। अपने से नहीं बनेगा। हटाओ इस झंझट को। महाकवि के मन में वर्दी और चोगे के डर से ही शायद निर्लोभ पैदा हो गया हो। और कुम्भनदास ने जब कहा—'सन्तन कहा सीकरी सों काम'—तो उनके मन का चोर भी आगे बोल गया—'जिनके देखे दुख उपजत है, तिनको करबो पड़ै सलाम।' हटाओ ऐसी राज-कृपा को। दोनों वर्दी और चोगे के डर से शायद दरबार से दूर रहे। क्या पता मैं भी वर्दी-चोगे के डर से ही निर्लोभ का अभिनय कर रहा हूँ।

खुफिया विभागवालों की बात से भी यही मालूम होता है कि यह मान लिया गया कि यह आदमी ऊँची नौकरी के नाकाबिल है। अब सिर्फ चुनाव बचा। यह चुनाव लड़ेगा। तभी उसने कहा था—आपके चान्स अच्छे हैं। तो क्या लड़ जाऊँ? मगर चुनाव का अपना रिकॉर्ड अच्छा नहीं है। दो चुनाव लड़वाए हैं और दोनों में हार हुई। एक मित्र के चुनाव में गली-गली, चौराहे-चौराहे इतने भाषण दिए थे कि गला खराब हो गया। पर वे हार गए। हार की शाम को जो सभा हुई उसमें कई हजार आदमी उनकी हार से दुखी और क्रुद्ध बलवा करने पर उतारू थे। मैंने सोचा, इतना लोकप्रिय आदमी कैसे हार गया। जितने लोग उनकी हार से दुखी थे, उनके आधे भी अगर उन्हें वोट देते, तो वे जीत जाते। जनता का यह मजाक मुझे पसन्द नहीं। वोट नहीं देंगे, मगर हारने पर दुखी होंगे। जिन्होंने वोट नहीं दिया, वे ज्यादा दुखी होते हैं। एक दूसरे मित्र को राज्यसभा का चुनाव लड़वाया। विधायक विश्रामगृह के कमरे में बैठे हर रोज शाम को हिसाब लगाते कि विधायक लोग पार्टी के निर्णय को भंग करके हमारे मित्र को वोट देने के लिए उतावले हो रहे हैं। मत गिने गए तो पाया कि जितने मिले उससे दस गुने लोगों ने वायदे किए थे। जनता तो जनता, विधायक भी मजाक करते हैं। एक नेता ने मुझे बताया कि उनके साथ बड़ा बेरहम मजाक हो गया। कहने लगे—एक कस्बे में हमने दो घंटे चुनाव का भाषण दिया। श्रोता मुग्ध थे। रात को एक वृद्ध सज्जन आए। बोले—वाह साहब, क्या तकरीर की है। मजा आ गया। आपका मुँह है कि कोई पोल है—निकलता ही जाता है। मजा आ गया। खैर, वोट तो हम लोग आपकी पेटी में ही नहीं डालेंगे, मगर सबेरे आपकी एक तकरीर और हो जाए! हमने रात को ही उस गाँव से डेरा उखाड़ दिया।

चुनाव और सुशील लेखक

मैं जनता के ऐसे मजाक से बहुत घबड़ाता हूँ। मगर जो इससे घबड़ाता है, वह चुनाव कभी नहीं लड़ सकता। ऐसी स्थिति में खुफिया विभाग की सलाह का कोई महत्त्व नहीं रह जाता। तब मैं सिवा इसके और क्या कहूँ कि अरे, यह राजनीति अप्सरा है, जो तपस्वी साहित्यकार को पथभ्रष्ट करती है।

इससे पेशेवर राजनेता बहुत खुश होंगे। कहेंगे—देखो, कितना सुशील लेखक है! राजनीति को पथभ्रष्ट करनेवाली अप्सरा मानता है। वह घृणित है। सचमुच लेखकों, कलाकारों, अध्यापकों, बुद्धिजीवियों को राजनीति से क्या मतलब? उन्हें इस प्रपंच में नहीं पड़ना चाहिए। मैं उनसे कहता हूँ—जनाब! लेखक, अध्यापक, बुद्धिजीवी अगर राजनीति से बाहर रहे, तो भीतर कौन बचे? आप जैसे अपढ़, गँवार, असभ्य, असंस्कृत और भ्रष्ट लोग! यह देश ऐसे लोगों के हाथ में सौंपना है या नहीं, यह भी तो सोचना पड़ेगा। जब भी हमारा बस चलेगा, हम आपका कान पकड़ेंगे और बाहर निकाल देंगे। हमें इतना सुशील समझना तुम्हारे लिए खतरनाक होगा।

जीते हुए उम्मीदवार के नाम

भैया जी,

चाहता तो यह था कि ये सब बातें आपसे प्रत्यक्ष कहता, पर इस वक्त आप उन लोगों से घिरे होंगे, जिन्होंने आपको मत नहीं दिया। जो मत नहीं देते, वे बधाई देने पहले पहुँचते हैं। जो सबसे पहले आपके गले में माला डाले, उसे अपना सबसे बड़ा शत्रु समझिए। माला डालनेवालों को अगर आप अपना मानेंगे, तो अगली बार हार जाएँगे। जिससे ज्यादा लोग सड़क पर नमस्ते करते हैं, वह अक्सर हार जाता है। मैंने तो आपको मत दिया था, इसलिए मैं आपको बधाई देने नहीं आया। मैं यह चिट्ठी लिखकर डाक में छोड़ रहा हूँ।

भैया जी, मैंने आपको मत तो दिया, पर आपके जीतने का मुझे बेहद दुःख है। आप पूछेंगे—ऐसा क्यों है? फिर मत ही क्यों दिया? बात यह है कि

मत मैंने दयावश दे दिया। उन दिनों आप जनता के दु:खों पर रोते हुए घूम रहे थे। मैं तब आपके दु:ख पर रो रहा था। मेरी देखादेखी जनता भी रोने लगी थी। उम्मीदवार और जनता दोनों की आँखों में आँसू थे। जनता समझती थी कि आप उसकी हालत पर रो रहे हैं, पर वास्तव में आप अपनी पतली हालत पर रो रहे थे। इधर आप समझते थे कि जनता अपने कष्टों पर रो रही है, पर वास्तव में वह इसलिए रो रही थी कि हाय, अगर आप न जीते, तो आपका क्या होगा? दोनों तरफ के आँसुओं ने ऐसी गलतफहमी पैदा की कि मत आपको मिल गए। आपको यह खुशफहमी बनी रहेगी कि जनता आपको चाहती है, जबकि वह आपसे नफरत करती है, मगर दयालु है। इधर जनता इस खुशफहमी में रहेगी कि आप उसके शुभचिन्तक हैं, जबकि आप सिर्फ अपने शुभचिन्तक हैं। खुशफहमी से नेता पनपता है, मगर जनता नष्ट होती है। यही इस देश में रो रहा है।

भैया जी, अब आप कुछ दिन तो लाउडस्पीकर और चाय के बिलवालों के डर से बाहर नहीं निकलेंगे। बड़े-बड़े हार जो लोग लाए थे, वे आपके पैसे से लाए होंगे। छोटे हार अपने पैसे से लाए होंगे। बड़े हारों की कीमत आपने पेशगी दे दी होगी। ऐसी गलती मत किया करिए। अगर आप हार जाते तो वे कमबख्त पैसे वापस नहीं करते। या उन हारों को जीते हुए के गले में डाल देते। मैं कह रहा था कि शामियानावाला, लाउडस्पीकरवाला, चाय-पानवाला और पेट्रोलवाला—ये सब दो दिन तो भीड़भाड़ के कारण चुप रहते हैं, पर तीसरे दिन तगादा कर देते हैं। इन्हीं के डर के कारण सदस्य को घर में घुसे रहने की जरूरत पड़ती है जो आदत बन जाती है। वह फिर पाँच साल बाहर नहीं आता। पानी की तरह जीत की गर्मी से भाप बनकर उड़ जाता है। पाँचवें साल जब चुनाव के बादल उमड़ते हैं, तब वह भी जमीन पर आ जाता है और दिखाई देने लगता है। मेढक भी पानी गिरते ही प्रकट हो जाते हैं। मैं नेता की मेढक से तुलना नहीं कर रहा हूँ—जब आपका भाषण सुनता हूँ, तो मेढक की याद बरबस आ जाती है।

पिछले चुनाव में भी आप जीते थे। उसके बाद पाँच सालों तक आपके दर्शन क्षेत्र में किसी को नहीं हुए। इस बीच अपने क्षेत्र के तीन भक्तों को भगवान के दर्शन हो चुके हैं, मगर आपके नहीं हुए। आप भगवान की तरह फालतू थोड़े ही हैं कि चाहे जिसे दर्शन दे दें। मगर लोग नासमझ हैं। कहते

हैं—पाँच सालों तक कहाँ रहे? मैंने आपकी तरफ से उन्हें समझाया—भैया जी उन बेशर्मों की तरह नहीं हैं जो कुछ काम नहीं करते, मगर शान से जनता में घूमते हैं। भैया जी लज्जावान आदमी हैं। उनसे जनता का भला नहीं हुआ तो वे हयादार आदमी की तरह मुँह छिपाकर बैठे रहे। निर्लज्ज तो हैं नहीं कि बाहर निकल पड़ें। वे बैठे-बैठे जनता के कष्टों के लिए रोते रहते थे। पाँच साल जनता के लिए वे छिपकर रोए हैं।

भैया जी, मेरे समझाने का असर पड़ा। जब आप चुनाव के समय प्रकट हुए तब लोगों को 'भए प्रकट कृपाला दीनदयाला' जैसा लगा। लोगों ने कहा—देखो, दीनों का सच्चा हितकारी आ रहा है। पाँच साल दीनों के दुःख से रोता रहा, इसलिए आँखें कमजोर हो गई हैं। हमें पहचान नहीं रहा है। आपने भी कमाल कर दिया। जिसका बाप दस साल पहले मर चुका है, उससे आप पूछते हैं—पिता जी तो अच्छी तरह हैं न? उसने जवाब दिया—स्वर्ग से इधर खबर नहीं आती। आप जाएँ तो पिता जी के हालचाल भेजिए! आप हँसकर टाल गए। चुनाव के वक्त हँसकर ही टालना चाहिए। जो हँसकर नहीं टाल सकता, वह हार जाता है। आप हँसकर टालने की विद्या में निपुण हैं।

जब 'दीनदयाला' प्रकट हो गए, तब दीनों ने कष्ट-कथा कहनी शुरू कर दी। एक गाँव के लोगों ने कहा—यहाँ रेलवे स्टेशन बन जाए, तो बड़ा सुभीता होगा। आपने कहा—रेलवे स्टेशन तो छोटी चीज है। मैं यहाँ हवाई-अड्डा बनवाऊँगा। आमतौर पर लोगों ने कहा कि महँगाई बहुत है। आपने जवाब दिया—मुझे पहले बताया क्यों नहीं? खैर, चुनाव के बाद तो किसी चीज की कीमत ही नहीं देनी पड़ेगी। एक जगह लोगों ने कहा—पानी की बड़ी तकलीफ है। आपने कहा—वह अब नहीं रहेगी। चुनाव के बाद मैं गंगा से पाइप-लाइन डलवा दूँगा। गंगाजल पियोगे तुम लोग। एक जगह आपने पूछा—मौसम तो यहाँ का ठीक रहता है न? लोगों ने कहा—मौसम तो ठीक ही रहता है। आपने कहा—नहीं-नहीं, मौसम खराब रहता है तो बताओ। मैं ठीक करवा दूँगा। अपने यहाँ मौसम का महकमा भी है। भैया जी, हम सब लोगों को तब विश्वास हो गया कि आप स्वर्ग लाने ही वाले हैं। कुछ लोगों ने अशुभ कहावत जरूर कही कि 'बिना मरे' स्वर्ग नहीं मिलता। पर हमें विश्वास हो गया था कि आप हमें जीवित अवस्था में ही स्वर्ग का सुख दे देंगे। हमें सिर्फ इतना पुण्य करना है कि आपको वोट दे दें। जो आदमी

महँगाई से लेकर मौसम तक ठीक कर सकता है, वह सर्वशक्तिमान से एकाध इंच ही छोटा पड़ेगा।

भैया जी, अब तो यहाँ यह सवाल खड़ा हो गया है—हू आफ्टर भैया जी? भैया जी के बाद कौन? जवाहरलाल नेहरू के सन्दर्भ में यह सवाल उठता था—हू आफ्टर नेहरू? यही सवाल आपके बारे में उठने लगा। बात यह है कि आपके बाद की दो पीढ़ियाँ इंतजार करते-करते बूढ़ी हो गईं कि आप सीट कभी छोड़ेंगे। जवानों को आपने बूढ़ा कर दिया। सीट नहीं छोड़ी। जवानों ने राजनीति छोड़ दी आपके कारण, अब आपकी जगह लेनेवाला कोई नहीं। अब परेशान करनेवाला सवाल उठता है—हू आफ्टर भैया जी? मैं कहता हूँ—'हू' तो छोड़ो। इसकी कल्पना करो कि व्हाट आफ्टर भैया जी? भैया जी के बाद हमारा क्या होगा? भैया जी, हम बहुत घबराए हुए हैं। आप जल्दी कुछ ऐसा प्रबन्ध करें कि अनंतकाल तक हमारे प्रतिनिधि बने रहें। अगर आप हमें अनाथ छोड़कर स्वर्ग सिधार गए, तो भी हम आपको ही अपना प्रतिनिधि चुनेंगे। किसी जिन्दा आदमी को हम वोट नहीं देंगे। अभी भी कहाँ देते हैं! हम सरकार से कह देंगे कि भैया जी स्वर्ग से ही हमारा प्रतिनिधित्व करेंगे। अभी भी वे यही करते हैं।

इस क्षेत्र की जनता आपसे बहुत-कुछ कराना चाहती है, पर आप सिर्फ महत्त्वपूर्ण काम ही किया करें। महँगाई, पानी की कमी, सड़कों की खराबी, शिक्षा आदि ऐसी बातें हैं जो साधारण हैं। आपको बड़े काम करने चाहिए। उदाहरण के लिए यहाँ जुए के काफी अड्डे हैं। जुआ एक महत्त्वपूर्ण गृह-उद्योग है। मगर इन लोगों को पुलिस कभी-कभी तंग करती है। इनकी रक्षा करना पहला कर्तव्य है। आप इनके और पुलिस के बीच एक समझौता करवा दीजिए। फिर बहुत लोगों की जमानत होने में कठिनाई आती है। यह काम भी आपके सुपुर्द है। इस क्षेत्र में ठाकुरों में काफी एकता है। यह अच्छी बात नहीं। आप कृपा करके ठाकुरों के दो दल करवा दीजिए। कभी-कभी लाठी चल जाए, तो सीट सुरक्षित रहेगी। इधर गाँजा-अफीम 'स्मगल' करनेवालों को भी तकलीफ होने लगी है। आप इनकी रक्षा कीजिए, जिससे आपके क्षेत्र के निवासी नशा करके दुःख भूल सकें।

इस बार मंत्रिमंडल में घुसने के आपके कैसे चान्स हैं? कोशिश पूरी कीजिए। आपको कैबिनेट में देखकर हमें बड़ी खुशी होगी। अकर्मण्यता में

शिकायत मुझे भी है

आप किसी से कम नहीं हैं। फिर आपको मंत्रिमंडल में क्यों नहीं लिया गया? इस बार अपने लिए नहीं तो कम-से-कम हमारे लिए मंत्री हो ही जाइए।

मेरे योग्य सेवा बताइए।

आपका हितैषी,
एक मतदाता

क्या भगवान भी टाँग खींचते हैं?

इस बार सचमुच सब कुछ बैठे-ठाले ही हो रहा है। बैठे-ठाले रिक्शा दुर्घटना में फँस गए, बैठे-ठाले टाँग तोड़ ली और अब बैठे-ठाले यह लिखा जा रहा है।

चोट खाई टाँग को मलहम से लीपते हैं और सेंकते हैं। तन का यह हाल है। और मन का? कुछ लोगों को दर्द होता है, तब मन में अच्छी बातें आती हैं। उनकी टाँग तोड़ दीजिए, तो वे अच्छी बातें करने लगते हैं। गला दबाने से तो उनके बहुत ऊँचे विचार हो जाते हैं। मुझे ऐसा नहीं होता। दर्द में भी वैसी ही बुरी बातें सूझती हैं। कोई अच्छी बात मन में उठती है, तो टाँग तड़क उठती है और अच्छी बात दब जाती है। देख रहा हूँ, सारी अच्छी बातें किसी तड़क से दब रही हैं। इस देश के सारे शरीर से अन्दरूनी चोटें हैं, वे तड़कती हैं और अच्छी बातें

दबा देती हैं। लगान माफी की अच्छी बात उठती है, तो फौरन दो-चार जगह दंगे हो जाते हैं। यह पुरानी चोट है, जो जब-तब तड़क उठती है।

पर बात मुझे अपनी चोट की करनी है। पहला सवाल पूछा जाता है—कहाँ यह दुर्घटना हो गई? मुझे बताने में शर्म आती है। ठीक चर्च के सामने रिक्शा उलट गया। देवस्थान को बदनाम करने का मेरा इरादा नहीं है। चर्च कभी-कभी जायका बदलने के लिए ऐसा कुछ कर बैठती है। ओ. हेनरी की एक कहानी का आवारा ठंड और भूख से बचने के लिए जेल जाना चाहता है। वह तरह-तरह के उपद्रव करता है, पर गिरफ्तार नहीं होता। वह चर्च के फाटक पर आता है। वहाँ प्रार्थना हो रही है। उसका हृदय बदल जाता है और वह अच्छा आदमी बनने का निश्चय कर लेता है। इसी वक्त पुलिसमैन आता है और उसे आवारागर्दी में गिरफ्तार कर लेता है।

मेरी इस दुर्घटना में दोष चर्च का नहीं, मेरी प्रकृति का है। मेरी तीन दुर्घटनाएँ हो चुकी हैं और तीनों देवस्थान के सामने हुईं। साधारण जगह मेरी दुर्घटना होती नहीं है, तो मैं क्या करूँ? पहली दुर्घटना राम मन्दिर के सामने हुई। एक डॉक्टर मित्र के स्कूटर पर से गिर पड़ा था। डॉक्टर ने पटका था, इसलिए चोट नहीं आई। दूसरी बार भैंसासुर बाबा की मढ़िया के सामने गिरा था। तब चेहरे पर चोट आई थी। असुर लोग मेरे चेहरे से नफरत करते हैं। और तीसरी यह चर्च के सामने, जब भगवान का ध्यान मेरे पाँवों की तरफ चला गया। अब तो मुझे ऐसा लगता है, ये सारे मन्दिर-मस्जिद मेरे हाथ-पाँव तोड़ने के लिए ही बने हैं।

एक शुभचिन्तक कह रहे थे—अभी तो बहुत-से देवस्थान बचे हैं। अगर हर देवस्थान के सामने तुम्हें पटकनी खानी ही है, तो एक दिन जानबूझकर सहकारी बैंक के पास के चौराहे पर गिर लो, वहाँ आमने-सामने चार देवस्थान हैं—गुरुद्वारा, मस्जिद, शिव मन्दिर और देवी का मन्दिर। एक पटकनी में चार देवस्थान निपट जाएँगे।

मुझे क्या मालूम कि भगवान भी आजकल टाँग खींचने लगे हैं। जानता तो उनके घर के सामने से निकलता ही नहीं!

मित्रों का कहना है कि यह कोई आकस्मिक घटना नहीं है। इसमें भगवान की योजना है। तुम कहते हो, वह है ही नहीं। उसने बता दिया कि मैं इतना तो जिन्दा हूँ ही कि तुम्हारी टाँग तोड़ सकूँ। मेरा खयाल था कि भगवान पाँच लड़कियों के बाद लड़का देकर अपने होने का सबूत देता रहता है। मगर वह तो टाँग तोड़कर अपना होना सिद्ध करने लगा!

क्या भगवान भी टाँग खींचते हैं?

चर्च पर बड़े अक्षरों में लिखा है—'एसेम्बली ऑफ गॉड!' शायद उस वक्त भगवान की संसद का अधिवेशन चल रहा होगा! संसद ने सोचा होगा कि आदमी भगवान पर ही नहीं, संसदीय लोकतंत्र पर भी विश्वास खोता जा रहा है। लिहाजा यह ईश्वरीय संसद निश्चय करती है कि इस आदमी का रिक्शा यहीं उलट दिया जाए और उसकी टाँग तोड़ दी जाए।

दूसरा सवाल पूछा जाता है—कैसे? जवाब देता हूँ, रिक्शा बहुत तेज भाग रहा था। दो साइकिलों को बचाने में एक से टकराया और उलट गया। अकारण तेजी से यह सब हुआ। पता नहीं बिना कारण के खतरनाक तेजी को लोग क्यों पसन्द करते हैं। एक युवक बहुत तेज स्कूटर चलाता है, खतरनाक 'कट' लगाता है। मैंने समझाया, धीरे और सावधानी से चलाया करो। अगर तुम्हारी मरने की ही इच्छा हो, तो मुझे बताना। मैं कोई बड़ा उद्देश्य बता दूँगा, उसके लिए मर जाना। अभी अपने को बचाकर रखो। शायद आगे किसी अच्छे कारण से मरने का मौका मिल जाए। इसमें क्या लुत्फ है कि स्कूटर से या साँप के काटने से मर गए। कितने लोग हैं, जिन्हें मरना किसी और कारण से था मगर मर किसी और कारण से जाते हैं। मरना किसी क्रान्तिकारी आन्दोलन में था। मगर इस बीच प्रेमिका धोखा दे गई, तो नदी में कूदकर मर गए।

बहुत-से लोग नहीं जानते कि बहादुरी और बेवकूफी में फर्क है। वे समझते हैं, बहादुरी कर रहे हैं, मगर हो रही है बेवकूफी। वे साहस के किस्से सबने पढ़े होंगे, जिनमें साहसी कहता है—बरसात की उफनती नदी आमंत्रण दे रही थी। जी हाँ, उफनती नदी बेवकूफों को तो आमंत्रण देती ही है।

तीसरा सवाल पूछा जाता है—कब? मैं कहता हूँ—दिन में चार बजे। इससे कुछ लोग निराश होते हैं। दिन की दुर्घटना में कोई सम्भावना नहीं होती। रात की दुर्घटना होती, तो उसमें बहुत सुखद सम्भावनाएँ होतीं। एक खास तरह के शुभचिन्तक कहते—हूँ...रात की बात है। इतनी रात को ये हजरत कहाँ से आ रहे थे? उधर क्यों गए थे? भई, अपने को यह रिक्शेवाली बात तो झूठ मालूम होती है। मामला कुछ और ही है। मगर बात दिन की है, और काफी लोग निराश हैं। गवाह पक्के न होते, तो मैं खुद इनके सुख के लिए कह देता कि रात की बात है। मगर मजबूर हूँ। मुझे दु:ख है कि मैं रात को नहीं गिरा। आगे खयाल रखूँगा। रात को ही दुर्घटनाग्रस्त होने की कोशिश करूँगा।

शिकायत मुझे भी है

पहले दो दिन घटना का जो वर्णन मैंने किया, वह काफी अच्छा रहा। बड़ा प्रभाव पैदा करता था। रिक्शा उलटना रेलगाड़ी उलटने जैसा लगता था। लेकिन अब दर्द के साथ वर्णन का रस भी कम हो गया है। उस रोमांचक घटना का वर्णन अब सपाट हो गया है। पहले दो दिन जो सुन गए, वही फायदे में रहे। लेकिन कुछ दुष्ट भी होते हैं। एक मित्र छठवें दिन देखने आए। बोले—यों तो मैं सब कुछ लोगों से सुन चुका हूँ। मगर आप चाहें तो आप भी कह लें। अब तो वर्णन पाँचेक वाक्यों में निपट जाता होगा, कह डालिए।

लेकिन एक सच्चे मित्र ने एक शाम को बड़ी गम्भीरता से कहा—तुम्हारी अखबारवालों से बड़ी दोस्ती है। तुमने अखबार में समाचार क्यों नहीं छपा दिया? अच्छा रहता। मैंने कहा—लोभ मेरे मन में भी आया था पर चाय और पान के खर्च के कारण इच्छा को दबा लेना पड़ा। मुझे खुद शर्म है कि इतनी चोट भी खाई और वह अखबार में भी नहीं छपी।

दर्द की प्रकृति भी बड़ी विचित्र होती है। पाँव और जाँघ में सबसे ज्यादा चोट लगी थी। इन दो जगहों में बहुत दर्द था। बस यही दो दर्द हैं। मगर ये दर्द अब कम हुए तो मालूम हो रहा है, कुहनी में, घुटने में और कन्धे में भी दर्द है। बड़ा दर्द छोटे दर्दों को दबा रखता है। जब वह कम होता है, तब छोटे दर्द उभर आते हैं। चीन और पाकिस्तान से जब लड़ाई होती है, तो अन्न आन्दोलन नहीं होते। भूख का दर्द दब जाता है, हर देश का कोई बड़ा दर्द होता है, जो छोटे दर्दों को दबाए रखता है। कुछ देश तो एकाध बड़ा दर्द पाले ही रहते हैं। अमरीका साम्यवाद का दर्द पाले है, तो नीग्रो समस्या, बेकारी और गन्दी बस्तियों की समस्या के दर्द दबे रहते हैं। मगर छोटे दर्द भी होशियार हो गए हैं। बीच-बीच में एकाध तड़क दे देते हैं।

ग़ालिब की परसाई

तमाम दुबों, चौबों, तिवारियों, वर्माओं, श्रीवास्तवों, मिश्रों की चुनौती है—बता दे कोई, अगर ग़ालिब के पूरे दीवान में कहीं किसी का जिक्र हो। कबीरदास ने अलबत्ता हमारे पड़ोसी पांडे जी का नाम लिया है—"साधो पांडे निपट कुचाली।" इससे पांडे जी कबीर से बहुत नाराज हैं। मगर ग़ालिब ने लगातार दो शेरों में परसाई जी को याद किया है। मुलाहजा हो—

पए-नज़्रे-करम तोहफ़ा है शर्मे-ना-रसाई का।
ब-खूँ-गल्तीदा-ए-सद-रंग दावा पारसाई का।
न हो हुस्ने-तमाशा दोस्त रुसवा बेवफाई का।
बमुहरे-सद-नजर साबित है दावा पारसाई का।

(पारसाई का अर्थ है पवित्रता)

मेरा दावा इन शेरों से साबित हो जाता है। कहता हूँ सच कि झूठ की आदत नहीं मुझे।

ग़ालिब ने मेरे लिए इतना किया है कि खुदा और प्रेमिका के बाद परसाई को याद किया है। मेरा भी उनके प्रति कुछ फर्ज हो जाता है। मैं पूरी कोशिश कर रहा हूँ कि उनकी याद के जलसे कामयाब हों। इस साल टोटल 17,315 समारोह ग़ालिब की याद में होंगे। इतने समारोहों के उद्‌घाटन के लिए इतने साधारण विद्वान नहीं मिलेंगे। पर देश में पंचायती विद्वानों की कमी नहीं है। कल ही एक पंचायती विद्वान का भाषण सुन रहा था। वे कह रहे थे—'ग़ालिब? अहा! ग़ालिब महान कवि थे, अहा! ग़ालिब महान शायर थे, अहा! मिर्ज़ा ग़ालिब का क्या कहना है, अहा!'

मैं पंचायती विद्वान की तकलीफ देखकर बहुत दुखी हुआ। तय किया कि इस तकलीफ को दूर करूँगा। मैं सारे पंचायती विद्वानों के लिए एक नमूने का भाषण लिख दे रहा हूँ जिससे उनकी तकलीफ दूर होगी, ग़ालिब के समारोह सफल होंगे और ग़ालिब के प्रति मेरा फर्ज भी निभ जाएगा—हक तो ये है कि हक अदा न हुआ।

जो वेद नहीं पढ़े, वे भी वैदिक धर्म मानते हैं। जो शास्त्र नहीं पढ़े, वे शास्त्रों में विश्वास रखते हैं। जो ग़ालिब को नहीं समझते, वही ग़ालिब को समझा सकते हैं। ग़ालिब ने खुद कहा है—

जो ग़ालिब को नहीं समझे
वही उसे सही समझे।

अगर ग़ालिब इस उम्दा शेर को अपने गले डालने से इनकार करें तो यह मीर को दे दिया जाए। अगर मीर भी इसकी जोखम न उठाना चाहें तो इसे मेरा ही मान लिया जाए।

इस बुनियाद पर अब भाषण खड़ा होता—

भाइयो और बहनो,

बड़ी खुशी की बात है कि सौ साल पहले ग़ालिब की मृत्यु हो गई थी। अगर वे सौ साल पहले न मरते, तो आज हमें यह समारोह करने का सुनहला अवसर न मिलता। हम ग़ालिब के आभारी हैं कि उन्होंने हमें यह चान्स दिया।

आप पूछेंगे कि ग़ालिब कौन है? यह प्रश्न ग़ालिब के समय में भी लोग पूछते थे। ग़ालिब प्रचार से दूर रहते थे। कोई नहीं जानता था कि ग़ालिब कौन है।

ग़ालिब की परसाई

ग़ालिब खुद भी नहीं जानते थे कि वे ग़ालिब हैं। एक दिन एक आदमी ग़ालिब के घर आया और उसने नौकर से पूछा—क्यों जी, यह तो बताओ, ग़ालिब कौन है? नौकर पड़ोसियों के पास जाकर बोला—

पूछते हैं वे कि ग़ालिब कौन है।
कोई बतलाए कि हम बतलाएँ क्या।

पड़ोसियों को भी नहीं मालूम था। नौकर ने उस आदमी से कहा—यहाँ कोई ग़ालिब-फ़ालिब नहीं रहता। उधर लकड़ी के टाल पर पूछो। ऐसे थे ग़ालिब। और आज के इन कवियों को देखो जो खुद अपना ढोल पीटते फिरते हैं।

मैं आज आपको एक रहस्य की बात बताता हूँ। ग़ालिब शायर थे। शायर ही नहीं, कवि भी थे। मुसलमान जिसे शायर कहते हैं, हिन्दू उसे कवि कहते हैं। बात एक ही है—राम कहो चाहे रहीम। मैं तो हिन्दू-मुस्लिम भाई-भाई का सिद्धान्त मानता हूँ। हमारे महात्मा गांधी कहा करते थे—

एक साथ सब मिलकर गाओ
प्यारा भारत देश हमारा
झंडा ऊँचा रहे हमारा।

भाइयो, ग़ालिब विश्व के महान कवि थे। वे विश्व के ही नहीं, भारत के भी महान कवि थे। सिर्फ भारत के ही क्यों उर्दू के भी महान कवि थे। मैं तो उन्हें हिन्दी का भी कवि मानता हूँ। हिन्दी-उर्दू में कोई भेद नहीं है। हिन्दू लोग जिसे हिन्दी कहते हैं, मुसलमान उसे उर्दू कहते हैं। सच पूछा जाए तो ग़ालिब महान भारतीय परम्परा के कवि थे, क्योंकि वे जुआ खेलते थे। हमारे यहाँ जुआ खेलनेवाले को 'धर्मराज' कहते हैं। ग़ालिब कलियुग के 'धर्मराज' ही थे।

अब मैं ग़ालिब की शायरी पर प्रकाश डालूँगा। ग़ालिब गजल लिखते थे। वे गजल ही नहीं, शेर भी लिखते थे। शेर लिखना बड़ा खतरनाक काम है। ग़ालिब खानदानी सिपाही थे, इसलिए शेर से डरते नहीं थे और उसे लिख देते थे। दुनिया में सिकन्दर सरीखे बहादुर हो गए हैं, पर शेर एक भी नहीं लिख सके। यह तो ग़ालिब का ही दम था। और आज के ये कवि कुत्ते से डर जाते हैं। ये कायर क्या शेर लिखेंगे!

भाइयो, ग़ालिब ने बहुत दु:ख भोगे। एक कोई गुंडा तो खंजर लेकर उनके पीछे ही पड़ा रहता था। उसका नाम 'सितमगर' था। सितमगर नाम का यह गुंडा ग़ालिब को जिन्दगी-भर तंग करता रहा। दिल्ली की पुलिस उससे मिली हुई थी,

और उस पर कोई कार्यवाही नहीं करती थी। धिक्कार है चह्वाण साहब की पुलिस को।

ग़ालिब को पुलिस भी तंग करती थी। एक दिन वे थककर सड़क पर बैठ गए। पुलिसवाला आया और उन्हें उठाने लगा। ग़ालिब ने बड़ी लाचारी से कहा—'बैठे हैं रहगुजर पे हम कोई हमें उठाए क्यों?' पुलिसवाले ने उन्हें घसीटकर किनारे कर दिया। ग़ालिब रोने लगे। किसी राहगीर ने पूछा—'अरे भाई, रो क्यों रहे हो?'

ग़ालिब ने जवाब दिया—'रोएँगे हम हजार बार कोई हमें सताए क्यों?' यानी अगर पुलिसवाला हमें सताएगा, तो हम क्यों नहीं रोएँगे!

दिल्ली में दूसरे शायर ग़ालिब को द्वेष के कारण तंग करते थे। वे ग़ालिब की बदनामी करने के लिए कविताएँ लिखते थे और उन्हें फैलाते थे। एक शायर कहता था कि दिल्ली में ग़ालिब की आबरू ही नहीं है। वह लिखता है—

बना है शह का मुसाहिब फिरे है इतराया
वर्ना शहर में ग़ालिब की आबरू क्या है।

जरा सुनिए, ये बदमाश कैसी-कैसी बातें उस महान कवि के बारे में कहते थे—

काबा किस मुँह से जाओगे ग़ालिब
शर्म तुमको मगर नहीं आती।

ये दिलजले कवि-सम्मेलनों में ग़ालिब को अपने लोगों से हूट करवाते थे। परेशान होकर ग़ालिब कलकत्ता के कवि-सम्मेलन में चले गए। वहाँ भी स्थानीय प्रतिभाओं ने उन्हें हूट किया। कलकत्ता में भी वे उखड़ गए।

ये ऐसे नीच लोग थे कि जब ग़ालिब मर गए और उनके प्रशंसक रोने लगे, तो इन्हें बुरा लगा। ग़ालिब के लिए इतने लोग रोए! कलेजे पर साँप लोट गया। कहने लगे—

ग़ालिबे-खस्ता के बग़ैर कौन से काम बन्द हैं
रोइए ज़ार-ज़ार क्या, कीजिए हाय-हाय क्यों।

आखिर ग़ालिब ने भी इन दुष्टों से निपटने का निश्चय कर लिया। उन्होंने कहा—

कोई दिन गर ज़िन्दगानी और है
हमने जी में अपने ठानी और है

यानी हमने ठान ली है कि जितनी जिन्दगी बची है, उसमें इन दुष्टों से गिन-गिनकर बदला लेना है।

भाइयो, ग़ालिब के कष्टों का अन्त नहीं था। उन्हें दिल की बीमारी भी थी। उनके हार्ट में हमेशा दर्द होता रहता था और वे इतने परेशान थे कि जो मिलता उसी से पूछते—'आखिर इस दर्द की दवा क्या है?' दिल्ली में उन दिनों कोई अच्छा हार्ट-स्पेशलिस्ट नहीं था। उन्होंने कलकत्ता में जाँच कराई, दवा भी ली, पर कोई फायदा नहीं हुआ। आखिर निराश होकर उन्होंने कह दिया—

मौत से पहले आदमी गम से नजात पाए क्यों?

धिक्कार है हेल्थ मिनिस्टर को! इतने बड़े कवि के इलाज का इन्तजाम नहीं कर सके। संसद में इस बात पर किसी को प्रश्न उठाना चाहिए।

दिल की ही नहीं, ग़ालिब को पेट की बीमारी भी थी। उनके पेट में दर्द होता रहता था। दिल्ली के एक हकीम से उन्होंने दवा ली थी। एक दिन हकीम चाँदनी चौक में मिल गए। पूछा—'ग़ालिब साहिब, पेट का दर्द कैसा है?' ग़ालिब ने जवाब दिया—

दर्द मिन्नतकश-दवा न हुआ
मैं न अच्छा हुआ बुरा न हुआ।

यानी तबीयत में कोई फर्क नहीं है। दर्द जैसा-का-तैसा है। उर्दू साहित्य के एक विद्वान ने खोज की है कि ग़ालिब के पेट के दर्द का कारण शराब थी। हाय! अपने डॉक्टर बनर्जी साहब उस वक्त दिल्ली में होते, तो ग़ालिब को अच्छा कर देते। कवि का दुर्भाग्य देखिए कि डॉक्टर बनर्जी उनके मरने के बाद पैदा हुए। इसी को विधि की विडम्बना कहते हैं।

अब मैं आपको बताता हूँ कि मैं ग़ालिब को बड़ा कवि क्यों मानता हूँ। दुनिया के किसी कवि ने मरने के बाद कविता नहीं लिखी। ग़ालिब एकमात्र कवि हैं, जिन्होंने मरने के बाद भी कविता लिखी। गेटे, शेक्सपियर, कालिदास, रवीन्द्रनाथ, किसी ने भी मरने के बाद एक लाइन नहीं लिखी। पर ग़ालिब मरने के बाद भी लिखते रहे। उन्होंने मरने के बाद अपनी लाश के बारे में यह लिखा—

यह लाश बेकफ़न असद-ख़स्ता जां की है हक़
मगफ़रत करे अजब आज़ाद मर्द था।

इतना ही नहीं, उन्होंने यह भी बता दिया कि वे परदेश में मरे थे। वे मरे नहीं थे, बल्कि मारे गए थे। इस शेर को देखिए—

मुझको दयारे-गैर में मारा वतन से दूर रख
ली मेरे ख़ुदा ने मेरी बेकसी की शर्म।

शासन क्या सो रहा है? वह पता क्यों नहीं लगाता कि परदेश में ले जाकर किसने ग़ालिब को मारा?

भाइयो, अब मैं अत्यन्त भरे हृदय से ग़ालिब का एक संस्मरण सुनाता हूँ। शाम उतर रही थी। दिल्ली में हल्की सर्दी पड़ने लगी थी। मैं चौक में घूम रहा था। मैंने देखा, फर्गुसन साहब की दुकान से ग़ालिब शराब खरीद रहे हैं। मैं उनके पास गया। मैंने कहा, 'ग़ालिब साहब, तुझे हम वली समझते जो न बादाख्वार होता।' ग़ालिब थोड़ा झेंप गए। बोले—'आप इधर कैसे?' मैंने कहा—'मैं घंटेवाले हलवाई के बगल की दुकान पर भाँग पीने जा रहा हूँ। चलिए, आपको भी पिलाऊँ।' ग़ालिब मेरे साथ हो लिए। मैंने उन्हें बढ़िया केसरिया भंग पिलवाई। बाद में उन्होंने कहा—'भंग तो शराब से भी ज्यादा मजा देती है।' मैंने कहा—'यही तो भारतीय संस्कृति का मजा है।'

यह मेरी उनसे आखिरी मुलाकात थी। इसके बाद मैं जबलपुर आकर रहने लगा। सोचता हूँ, यदि मैं दिल्ली में ही रहता तो ग़ालिब की शराब पीने की आदत छुड़वा देता। मगर होता है वही, जो मंजूरे-खुदा होता है।

भाइयो, ऐसे थे ग़ालिब जिनकी शताब्दी आज हम मना रहे हैं।

इनाम और ईमान

ज्याँ पाल सार्त्र नाम का जो वह आदमी पेरिस में रहता है, बड़ा बदमाश है। वह मेरे पाँच सौ रुपए डुबाए दे रहा था।

अभी मुझे एक किताब पर एक राज्य सरकार ने पाँच सौ रुपए का पुरस्कार दे दिया। जनता का पैसा इसी तरह बरबाद किया जाता है। अपनी जिन्दगी का यह दूसरा इनाम है। पहला इनाम स्कूल में 'लांग-जम्प' यानी लम्बी कूद पर मिला था और दूसरा यह साहित्य की 'हर्डल' रेस पर।

बीच के बीस-पचीस साल मैं बिना इनाम के जिन्दा रह लिया। जीवन-शक्ति बेशर्मी का दूसरा नाम है।

स्कूल में दूसरी बार इनाम नहीं मिला, क्योंकि फिर कूदा ही नहीं। इधर साहित्य में अभी तक इनाम नहीं मिला, क्योंकि जरा अकड़ू तबीयत का आदमी

हूँ। किताबें इनाम के लिए नहीं भेजता। हर साल हवाई जहाज की तरह लाखों रुपए मेरे सिर पर से उड़ जाते हैं। देखता हूँ, कुछ लोगों को इनाम लेने की आदत पड़ जाती है। न मिले तो तबीयत खराब हो जाती है। दिल्ली में मेरे दोस्त नौटंकीलाल बता रहे थे कि एक साल उन्हें इनाम नहीं मिला तो पेचिश हो गई थी।

इस बार किताब भेजे बिना इनाम कैसे मिल गया? क्या सरकारें ज्यादा सुसंस्कृत हो गई हैं? नहीं, सरकारें तो वैसी ही असंस्कृत हैं। पर बिना किताब भेजे भी इनाम लेने की एक तरकीब है, जो आगे खुलेगी।

इनाम तो मिल गया। पर वह जो ज्याँ पाल सार्त्र नाम का आदमी पेरिस में रहता है, वह मेरे पाँच सौ रुपए डुबाए दे रहा था। हम उसके विचारों के नहीं, अदा के दीवाने हैं। यों तो वह कहता है—'दमन और शोषण से मुक्त होने पर मनुष्य जिससे परिभाषित होता है, उसे 'संस्कृति' कहते हैं।' मगर हम न दमन से मुक्त होते, न शोषण से—और सुसंस्कृत हैं। उसकी वह जाने! हम तो लेखक की अदा देखते हैं। किस अदा से उसने नोबुल पुरस्कार ठुकरा दिया था। उसने कहा था, इस पुरस्कार को लेने से यह आभासित होगा कि मेरी सहानुभूति पश्चिम के साथ है। हिन्दी में इसे यों कहेंगे—लोग समझेंगे मैं पश्चिम के हाथ बिक गया।

मुझे इनाम की खबर मिली, तो सार्त्र की यह अदा एकदम ध्यान में आई। सोचा, मैं भी एक वक्तव्य देकर पुरस्कार लेने से इनकार कर दूँ। ऐसा करने ही वाला था कि एकाएक आत्मबोध हो गया। आत्मबोध क्या है? स्वार्थ की रक्षा के लिए मनुष्य की अन्तरात्मा से जो तर्क उठता है, उसे आत्मबोध कहते हैं। तर्क ऐसा उठा—बिकते वे हैं, जो नमकहलाल होते हैं। जिसका खा लेंगे, उसी के हो जाएँगे। बेचारे बड़े कमजोर होते हैं। पर नमकहराम कभी नहीं बिकते। जिसका खाएँगे उससे लड़ेंगे। सार्त्र होगा नमकहलाल—उसे बिकने का डर है। हम हैं नमकहराम। हम नहीं बिक सकते। जिस पत्तल में खाना, उसी में छेद करना—यह आत्मविश्वास जिसे हो, वह कभी नहीं बिक सकता।

वैसे लेखक को बिकने का डर हमेशा लगा रहता है। अभी पंजाब सरकार ने डेढ़ लाख रुपए पत्रकारों और लेखकों को बाँट दिए हैं, तो बड़ा हल्ला मचा है कि यह सरकार हमें खरीदना चाहती है। मैं कहता हूँ, नमकहराम हो जाओ। पैसा खाओ और मत बिको। मगर लेखकों की मुश्किल यह है कि बाजार में खड़े हैं और डर भी रहे हैं कि कहीं बिक न जाएँ। जिस बिकने का इतना डर है उसे बाजार में नहीं, गोशाला में होना चाहिए। हिन्दी में तो बाजार-इन्स्पेक्टर भी हैं, जो

छड़ी और डायरी लेकर बाजार में घूम रहे हैं और रिकॉर्ड कर रहे हैं कि किसे किसने खरीद लिया। असफल लेखक अक्सर बाजार-इन्स्पेक्टर हो जाते हैं। जो अच्छी कीमत पर बिकने में सफल नहीं हुए, वे भी बाजार-इन्स्पेक्टर हो जाते हैं। मेरे एक दोस्त ही हो गए हैं। वे हर दस-पन्द्रह दिनों में किसी के बिकने की खबर मुझे दे जाते हैं। सुना है, मेरे बिकने की खबर भी वे दूसरों को देते हैं।

वह बात रही जा रही है कि बिना किताब भेजे इनाम कैसे मिल गया। प्रकाशक ने पूछा कि किताब भेज दें। मैंने लम्बी चिट्ठी लिखी कि मैं किताब नहीं भेजता। लेखकों से किताबें मँगवाना और वह दरख्वास्त जैसा फार्म भरवाना अपमानकारक है। प्रकाशक ने कहा—आप मत भेजिए, हम भेजे देते हैं। मैंने जवाब दिया—आप जो उचित समझें, करें। मैं पीठ फेरकर बैठ गया। मगर गर्दन घुमाकर बार-बार देख लेता था कि इनाम सड़क पर आ रहा है या नहीं। इसी को लेखक की ईमानदारी कहते हैं—पीठ फेर ली, मगर गर्दन घुमाकर देख भी रहे हैं। यह तरकीब मैंने बचपन में ही सीख ली थी। मेरे पिताजी ब्राह्मण कहलाते थे। मैं ब्राह्मण-भोजों में जाया करता था। पचीस-तीस सालों के अनुभवी ब्राह्मणों को खाते देखता था। लड्डू परोसनेवाला आता, तो वे 'नहीं-नहीं' कहते हुए जोर से गर्दन हिलाते और पत्तल को दोनों हाथों से ढाँप लेते। पर दोनों हाथों के बीच में लड्डू डालने की जगह छोड़े रखते।

परोसनेवाला उस जगह में से लड्डू डाल देता। ब्राह्मण देवता लड्डू खा लेते, क्योंकि अन्न ब्रह्म है और ब्रह्म को खाना ब्राह्मण का धर्म है। वह ट्रेनिंग आज काम आई। प्रकाशक के पास वह मेरी चिट्ठी साहित्य के इतिहास लेखकों के लिए सुरक्षित है। वे लिख सकेंगे कि यह बड़ा निर्लिप्त लेखक था। इधर पाँच सौ का ड्राफ्ट भी मैंने भुना लिया है और एक बढ़िया पंखा खरीद लिया है। साहित्य के मुनीम लोग जब 1969 की जनवरी में 1968 के साहित्य की रोकड़ मिलाएँ, तब इस पंखे को न भूलें। यह पंखा 1968 के हिन्दी साहित्य की महान उपलब्धि है।

इज्जत से रहना है, तो छोटे शहर में रहना चाहिए। जहाँ से निकल जाता हूँ, लोग कहते हैं—इन्हें इनाम मिला है। बम्बई, कलकत्ता में नोबुल पुरस्कारवाला भी दिनभर घूमे, तो उसे कोई पहचानेगा नहीं। कुछ लोग इसे शहर का गौरव मान रहे हैं। मेरे मुहल्ले के लोग इसे मुहल्ले का गौरव मान रहे हैं—हमारे नेपियर टाउनवाले को इनाम मिला है। राइट टाउनवाले किसी को नहीं मिला।

शिकायत मुझे भी है

मुझसे ज्यादा खुशी उस दुकानदार को हुई, जिसकी उधारी पड़ी है। उन्होंने मुझे बड़े प्रेम से पान खिलाया। बोले—बड़ी खुशी हुई हमें। मैं खुशी का कारण जानता हूँ—बकाया चुकने की उम्मीद। उनके हृदय से उद्‌गार निकल रहे होंगे—धन्य है यह लेखक, जो बकाया चुकाने लायक हो गया। धन्य है साहित्य जो लेखक को हमारी उधारी चुकाने लायक बनाता है। साहित्य सचमुच महान है।

दूसरे के ईमान के रखवाले

पहले जिन चीजों पर दुःख होता था, अब उन पर क्रोध आने लगा। क्रोध पाप का मूल कहा जाता है—यानी अब अपनी पाप करने की 'स्टेज' आ गई। मगर अक्रोध क्या पाप नहीं है? अक्रोध बैल को पिटवाता है और क्रोध साँड़ की पूजा करवाता है। अपने व्यक्तित्व को चाबुक के लिए निमंत्रण-पत्र बनाना क्या पुण्य होता होगा? और क्या सारे बैल स्वर्ग जाते होंगे? अक्रोध के ऐसे पुण्य से क्रोध का पाप अच्छा लगने लगा है। सुना है, बिहार के भूखों की आँखों में भी पीड़ा के साथ लाल डोरे दिखने लगे हैं। शायद पुण्य-पर्व शुरू हो गया। जिस गति से सामूहिक दुःख क्रोध में बदलता जाएगा, उसी गति से दुःख कम होता जाएगा। 'हाय' को 'क्यों बे' में और 'धिक्' में 'धत्' में जल्दी बदल जाना चाहिए। फिर निकम्मे सदियों तक पाप-पुण्य का फैसला करते रहें। वे तो

अभी भी फ्लैटों में बैठे 'अस्तित्व के प्रश्न' की आध्यात्मिक पीड़ा का मजा ले रहे हैं।

कैसी बात कही है! मसीही अन्दाज में! अब मैं चाहूँ तो हाथों की उँगलियों को फँसाकर, घुटने पर रखकर, मूर्ख की तरह खाली आँखों से आसमान देखते हुए बैठा रहूँ। लोग कहेंगे—ज्ञानी अभी-अभी एक तत्त्व की बात कहकर दूसरी की तलाश कर रहा है। मिलते ही फिर कहेगा। मैं चाहूँ तो कुछ न बोलूँ और लोग कहें—ज्ञानी के मौन में भी स्वर होते हैं। सुनो, तत्त्व-कथन हो रहा है।

मगर ज्ञानी न जाने क्यों मनहूस हो जाता है। फूल उसे दिखाओ तो वह उसकी जड़ का कीचड़ देखने लगता है और उदास हो जाता है—हाय, यह सौन्दर्य मिथ्या है। इसके मूल में कीचड़ है। अज्ञानी तब ज्ञानी से पूछता है—ज्ञानी जी, फूल ही मिथ्या क्यों है? कीचड़ मिथ्या क्यों नहीं है? ज्ञानी कहेगा—वत्स, ज्ञान का सार ही यह है कि जो सुन्दर है, वही मिथ्या है। कुरूपता सत्य है। जो अच्छा है, वही निस्सार है। जो बुरा है, वह सब ठोस है। वैसे तो जगत का वैभव ही मिथ्या माया है। तब अज्ञानी पूछता है—अगर सब मिथ्या माया है, तो मठ की गद्दी के लिए शंकराचार्य हाईकोर्ट में मुकदमा क्यों लड़ते हैं? हम अज्ञानियों को कीचड़ की सत्यता इसलिए तो नहीं बताई जाती कि ज्ञानी खुद फूल झपट ले?

अज्ञानियों के ऐसे टेढ़े सवालों के डर से ही मेरी ज्ञानी बनने की हिम्मत नहीं होती। यों सम्भावनाएँ सब हैं। अभी तो अज्ञानी की तरह क्रोध कर रहा हूँ। पिछले दिनों काफी अविस्मरणीय क्रोध कर डाले हैं मैंने। पिछला महत्त्वपूर्ण क्रोध एक साहित्यिक समारोह के मौके पर आया था। कुछ साहित्यिक समारोह यज्ञ की तरह किए जाते हैं। करनेवाले इसे बड़ा पवित्र अनुष्ठान मानते हैं (यानी बताते हैं) और कुछ विश्वास पैदा करना चाहते हैं कि ज्यों ही मंत्र-स्वर और यज्ञ-धूम आकाश में व्याप्त होंगे, मेघ बरसेंगे, भूमि अन्न उगल देगी और हिन्दी के सारे लेखकों का कल्याण होगा। और कहीं यह साहित्यिक यज्ञ नहीं हुआ, तो सृष्टि के नाश का डर है। संयोजकों की भारी पलकों और कपाल की रेखाओं से, बस्ता दबाए जमीन देखती हुई चिन्तित चाल से यही लगता है कि दुनिया की जिम्मेदारी इन्होंने ले ली है। मगर चतुर लेखक ऐसे पवित्र समारोह से छड़कता है, जैसे चतुर अनाथ बालक अनाथालय से बचता है—वह जानता है वहाँ बाजा बजाकर चन्दा माँगना पड़ेगा। ऐसा समारोह क्योंकि यज्ञ होता है, उसके लिए आहुति भी खोजी जाती है। अगर अश्वमेध कोटि का यज्ञ है, तो घोड़े की प्रकृति का लेखक खोजा जाएगा।

ऐसे समारोहवालों से पहले ही पूछ लेना चाहिए—आपका उद्देश्य पवित्र तो नहीं है? कहीं आप बिलकुल निःस्वार्थ भाव से तो यह समारोह नहीं कर रहे हैं? यदि उद्देश्य पवित्र हो और करनेवालों का कोई स्वार्थ ही न हो, तो बच जाना चाहिए। जो आदमी स्वार्थ का बिलकुल विसर्जन कर दे, वह बहुत खतरनाक हो जाता है। वह दूसरे के प्राण तक ले लेना अपना नैतिक अधिकार समझता है।

पर कभी-कभी चतुर आदमी भी गच्चा खा जाते हैं। नागार्जुन खा गए। सैकड़ों मील दूर पटना से बुलाकर उनके दम पर कवि-सम्मेलन जमाकर संयोजक ने उन्हें तीसरे दर्जे का किराया दिया और कुहनी तक हाथ जोड़कर सिर उन पर रखा और झुक गए। यह मुद्रा ही लाख रुपए की होती है। पता नहीं, इसकी कहाँ ट्रेनिंग मिलती है। मैंने बहुत कोशिश की, बनती ही नहीं है। वृद्ध आचार्यों से तरुण शिष्य इसे सहज ही सीख लेते हैं।

मुझे ऐसी विनय पर गुस्सा आता है। न जाने क्या बात होती है ऐसी विनय में जो चिमटी काटती है। तबीयत हुई कि उनके हाथ और सिर इसी तरह बाँधकर रस्सी नागार्जुन के हाथ में दे दूँ, कि ले बाबा, ले जा पटने। नागार्जुन साधु रह चुके हैं। क्रोध को जीतना (या प्रकट न होने देना) साधु की ट्रेनिंग में आता है। अब 'कोर्स' बढ़ गया है—जुलूस निकालना, संसद को घेरना और पेट्रोल छिड़ककर माया में आग लगाना भी साधु को सीखना पड़ता है। तो नागार्जुन ने पूर्व-स्मृति के कारण कह दिया—यह भी मत दीजिए। मुझे तो साधु बनने का मौका आया नहीं था। मैंने अधम संसारी की तरह क्रोध कर डाला।

संयोजक होशियार होते हैं। उन्होंने जवाब दिया—यह तो साहित्य का ही काम था। सभी ने यथायोग्य योगदान किया। फिर नागार्जुन जी के प्रति हमारे मन में इतनी श्रद्धा है कि उसके सामने कितने भी रुपए तुच्छ हैं।

जिसे देना है, वह लेनेवालों को रुपए की तुच्छता सदियों से सिखा रहा है। पर मूढ़ लेनेवाला सीखता ही नहीं है।

मैंने कहा—तो अब आप लाउडस्पीकरवाले से भी कहेंगे—भई, यह तो साहित्य का काम था। फिर तुम्हारे प्रति हमारे मन में अगाध श्रद्धा है, इसलिए किराया मत लो।

संयोजक समझे कि मैं हास्य रस पैदा कर रहा हूँ। हँसना बरी होना है। बरी उन्हें होने नहीं दिया। पूछा—बिजलीवाले और शामियानेवाले के प्रति भी आपके मन में श्रद्धा होगी?

जवाब मिला—इनके प्रति श्रद्धा क्यों होगी?

—इसलिए इन्हें पूरे पैसे देंगे। नागार्जुन के प्रति श्रद्धा है, इसलिए उन्हें पैसे नहीं देंगे।

अब वे समझे कि यह तो हास्य रस नहीं है। रौद्र से बीभत्स रस हुआ जा रहा है। वे शान्त रस पर आ गए। कहने लगे—रुपए खत्म हो गए हैं। एक हजार एक जगह से आनेवाले हैं। तब मनीऑर्डर से और भेज देंगे।

सुना है, भगवान ने एक बार स्वर्ग में कवि-सम्मेलन करवाया था और कवि से कहा था—तुम जाओ। पैसा बाद में भेज देंगे। तब कवि ने कहा था—प्रभु, बाद में कोई नहीं भेजता। मैं रुक जाता हूँ, आप पैसे का प्रबन्ध कर लीजिए। मैं तो लेकर ही जाऊँगा। इस मामले में भगवान का भी भरोसा नहीं।

इस बात को इतना क्यों खींच रहा हूँ? साधारण-सी बात है। अक्सर होती है। बात यह है कि मैं तय नहीं कर पा रहा हूँ कि कौन ठीक है—मैं या संयोजक? मैं मान बैठा कि वे लोग कर्तव्य से गिर रहे हैं। और वे कहते होंगे कि हम लोग इतना-सा साहित्य के प्रति कर्तव्य भी नहीं करना चाहते। नाप बदले-से लगत हैं। दूसरे से उसका कर्तव्य कराना अपना कर्तव्य करने से बड़ा कर्तव्य है। संयोजक हमसे अपना कर्तव्य कराने का कर्तव्य कर रहे होंगे। इस तरह वे ठीक हुए और हम गलत।

देखता हूँ हर आदमी दूसरे के ईमान के बारे में विशेष चिन्तित हो गया है। दूसरे के दरवाजे पर लाठी लिए खड़ा है—क्या कर रहे हैं साहब?—इसके ईमान की रखवाली कर रहा हूँ?—मगर अपना दरवाजा तो आप खुला छोड़ आए हैं!—तो क्या हुआ? हमारी ड्यूटी तो इधर है।

एक लेखक दिल्ली, बम्बई, प्रयागादि घूमकर आता है, तो बड़ी चिन्ता से मुझसे कहता है—सब ईमान बेच रहे हैं। जानता हूँ, उधर कहता होगा कि जबलपुरवालों का भी बिक रहा है। सस्ता बिक रहा है। दूसरों का ईमान बिकने की चिन्ता में बेचारा दुबला होता जा रहा है। मैं पूछता हूँ—कैसे बिक रहा है ईमान? थोक या फुटकर? अगर किसी के पास ज्यादा ईमान हो जाए, तो जमा करना यों ही कानून में जुर्म है। उसे तो निकालना ही पड़ेगा। यह बेचारा किस-किसके ईमान की रखवाली करेगा? कहीं बाजार में पिट जाने का दुःख तो इसे नहीं हो रहा है? सोचकर घुनता होगा—हाय, लोगों का रद्दी, सड़ा हुआ ईमान धड़ल्ले से बिक रहा है, मगर हमारे शुद्ध ताजा ईमान के दाम ही नहीं लग रहे हैं।

दूसरे के ईमान के रखवाले

एक खानदानी रईस मेरे बारे में चिन्तित हैं। उन्हें लगता है मैं नौकरी नहीं करता, तो कोई काम ही नहीं करता। कहते हैं—निठल्ला है। अरे, इनसान को काम करना चाहिए। वे इनसान हैं और रोज इतना काम करते हैं—सुबह से सोचते रहते हैं कि शाम को क्या खाएँगे। रात को यह सोचते-सोचते थककर सो जाते हैं कि सुबह नाश्ते में क्या खाएँगे।

मैं हैरत में हूँ कि दूसरों का कितना ध्यान आदमी रखने लगा है। अच्छी चीजें दूसरों के लिए छोड़ रखी हैं, बुरी खुद ले ली हैं।

—हमारे लिए आपने क्या रखा है, भैया साहब?

—त्याग, बलिदान, निःस्वार्थ!

—और अपने लिए?

—क्षुद्र स्वार्थ! नीच लोभ!

—हमारे लिए आपने क्या छोड़ रखा है, राष्ट्ररत्न जी?

—सेवा, पद के प्रति निर्मोह!

—और खुद क्या ले लिया है?

—घृणित पदलोलुपता!

अच्छी चीजें दूसरे के लिए छोड़ देनेवालों के प्रति मुझ जैसे का क्रोध नाजायज है। कृतज्ञ होना चाहिए कि उन्होंने सब अच्छी चीजें हमें दे दी हैं। खुद बेचारे क्षुद्र चीजों को भुगत रहे हैं।

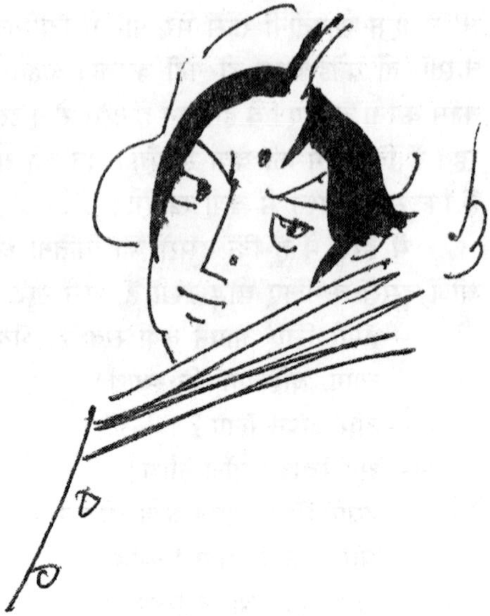

प्रेम-पत्र और हेडमास्टर

गुरु लोगों से मैं अभी भी बहुत डरता हूँ। उनके मामलों में दखल नहीं देता। पर मेरे सामने पड़े अखबार की यह खबर मुझे भड़का रही है। खबर है—एक लड़का रोज एक प्रेम-पत्र लिखता था। वे हेडमास्टर के हाथ में पड़ गए। उन्होंने उसे स्कूल से निकाल दिया। संवाददाता ने लिखा है—हेडमास्टर साहब के इस नैतिक कार्य की सर्वत्र प्रशंसा हो रही है।

होती होगी। संवाददाता अक्सर स्थानीय हाईस्कूल के पढ़े हुए होते हैं और वे पोस्टमास्टर तथा हेडमास्टर के बड़े भक्त होते हैं। मैं तो यह कल्पना कर रहा हूँ कि लड़कों को निकाल देने के बाद हेडमास्टर ने क्या किया होगा। वे तुष्ट भाव से अपने कमरे में बैठे होंगे। अपने प्रिय चमचे से कहा होगा—मास्साब, मुझे अनैतिकता बिलकुल बरदास्त नहीं है। इस मामले में मैं बहुत सख्त हूँ।

चमचे ने कहा होगा—मास्साब, आपने बहुत अच्छा किया जो उसे निकाल दिया। ये आजकल के लड़के बहुत प्रेम करने लगे हैं। हमारी इतनी उम्र हो गई, बाल-बच्चे हो गए, पर कोई बता दे, कभी प्रेम किया हो तो!

खुश होकर हेडमास्टर साहब छिपकर सिगरेट पीने पाखाने में चले गए होंगे।

और वे अध्यापक राधाकृष्ण के प्रेम के पद पढ़ाने कक्षा में चले गए होंगे—'पूछत कान्ह कौन तुम गौरी?' अर्थात् कृष्ण भगवान राधा से पूछते हैं...

सोचता हूँ, गुरु का क्या यही फर्ज है कि प्रेम-पत्र देखा और सजा दे दी? पर वे जिन मानवीय आचरण-सूत्रों से बँधे हैं, उनके हिसाब से कुछ और कर भी नहीं सकते। वे लड़के से यह तो कहते नहीं कि बेटा, तू हम सबसे श्रेष्ठ है। तू रोज एक प्रेम-पत्र लिखता है। तुझे धन्य है! पर प्रेम-पत्र बहुत पवित्र चीज है। वह हेडमास्टरों के स्पर्श से दूषित हो जाता है। प्रेम और हेडमास्टर की दुश्मनी होती है। भूल से तेरे प्रेम-पत्र हमारे हाथ पड़ गए थे। आगे सावधानी बरतना, जैसे हम पाखाने में सिगरेट पीते हैं। भले और बुरे में सिर्फ ढके और खुले का फर्क होता है।

कोई अध्यापक ऐसा नहीं कहेगा। वह रसखान का पद अलबत्ता रस से पढ़ा देगा—'तुम कौन-सी पाटी पढ़े हो लला, मन लेहु पै देहु छटाँक नहीं।' उस जमाने के ये स्कूल हमारे 'पब्लिक स्कूल' जैसे होंगे, जिनमें कृष्ण जैसे उच्चवर्गीय पढ़ते होंगे। उच्चवर्गीय की 'पाटी' अलग होती है।

यों स्कूल में कुछ भी सीखा जा सकता है। मैंने बेईमानी और मिलावट स्कूल में गणित के जरिए सीख ली थी। वह ऐसा सवाल होता था—एक ग्वाला 40 पैसे सेर के हिसाब से 15 सेर दूध खरीदता है। वह उसमें 10 सेर पानी मिलाकर 30 पैसे सेर के भाव से बेच देता है। बताओ, उसे कितना लाभ हुआ? वैसे तो यह गणित है, पर बेईमानी का लाभ भी बताता है। अभी भी लड़के ऐसे सवाल सीखते हैं और बेईमानों की पीढ़ियाँ पैदा होती जाती हैं।

बेईमानी चाहे सीख लो, प्रेम-पत्र मत लिखो। घृणा-पत्र चाहे जितने लिखो। अध्यापकीय दृष्टि में अक्सर सुखदायक चीजें अनैतिक होती हैं। खेल तक बुरा माना जाता है। मैं जब पढ़ता था, तब ऐसे पाठ होते थे—राम अच्छा लड़का है। वह खेलता नहीं है। अध्यापकीय दृष्टि में जिन्दगी व्याकरण की पुस्तक हो जाती है।

शिकायत मुझे भी है

अध्यापक की पत्नी मायके से भीगा-सा पत्र लिखती है। छोटे भाई से डाक के डिब्बे में डलवाती है। कह देती है—हाथ डालकर देख लेना, कहीं अटका न रह जाए। जवाब का इन्तजार करती है। जवाब आता है...तुम्हारी बहुत याद आती है। हाँ, दो पृष्ठों की चिट्ठी में तुमने व्याकरण की भूलें की हैं। तुम्हारा व्याकरण बहुत कमजोर है। वहाँ बहुत समय मिलता होगा। भाइयों से पुस्तकें लेकर अपना व्याकरण ठीक कर लेना।

अध्यापिका को अपने प्रेमी का पत्र भी मिलता होगा, तो पहली बात उसके मन में यही उठती होगी कि 'बड़ी बहन जी' को बताकर लिखनेवाले को डाँट पड़वा दूँ।

एक सीनियर प्रोफेसर साहब ने उस दिन बताया—कॉलेज में ताजा एम.ए. अध्यापक मेरे विभाग में आया। खूब प्रतिभावान है और सुन्दर। एक दिन उसने मुझसे रिपोर्ट की कि दो-तीन दिनों से कोई मेरी साइकिल की हवा निकाल देता है। मैंने पता लगाया, तो एक लड़की निकली। यों वह बड़ी अच्छी लड़की थी। मगर यह क्या हरकत? मैंने बुलाकर डाँटा। वह रोने लगी। उस दिन से साइकिल की हवा नहीं निकली।

मगर उस बेवकूफ नए लेक्चरर की तो जिन्दगी की हवा निकल गई। सीनियर प्रोफेसर को कोई कैसे समझा सकता है कि सर, यह अनुशासन का मामला नहीं है। आप समझेंगे नहीं, क्योंकि आपकी साइकिल की हवा कभी नहीं निकली। आपने उस लड़की को मार डाला।

फिर सोचता हूँ, माना यह बड़ी क्रूरता है, पर वे और क्या करते? क्या यह कहते कि हवा काफी निकल चुकी, अब चिट्ठी लिखने की स्टेज आ गई।

अध्यापक को जरा ज्यादा खींच दिया। मुझे डर लगने लगा। कैफियत देता हूँ। अध्यापक बुरा न मानें। वे जिम्मेदार नहीं हैं। वे तो एक फार्मूला लागू करनेवाले हैं। बनानेवाले दूसरे हैं, जो सदियों से बनाते रहे हैं। नैतिकता के ये फॉर्मूले बड़े दिलचस्प हैं। जैसे यही कि पाँव छूने से भावना बदल जाती है। —क्यों रे, तू उस औरत को बुरी नजर से देखता है। उसे आज से बहन मानना। चल, उसके चरण छू। उसने डरकर पाँव छू लिए। नियामक सन्तुष्ट हो गए कि मामला 'पवित्र' हो गया। वे भूल गए कि पाँव शरीर का एक अंग है और उस आदमी की बहुत दिनों की उसे छू लेने की साध पूरी करा दी गई। वह तो रोज चरण छू सकता है।

प्रेम-पत्र और हेडमास्टर

यह जो 'पवित्र' सम्बन्धवाला मामला हमारे यहाँ चलता है, यह न जाने क्या-क्या करवाता है। बड़ी साँसत में डालता है आदमी को। लड़कियों के कॉलेज के फाटक पर छुट्टी के वक्त बेचारा भला-सा लड़का खड़ा है। उससे पूछो—क्यों खड़े हो यहाँ? वह घबड़ाकर कहता है—सिस्टर को ले जाना है। और मैंने देखा है, कई बेचारों की कलाई से लेकर कन्धे तक राखी बँधी होती है। लाचारी है। कोई और सूरत रखी ही नहीं है।

मुहल्ले में स्त्री-पुरुष की नजरों पर डंडा लेकर बैठे रहनेवाले राधाकृष्ण के प्रेम-विलास के पद आँखें बन्द करके गर्दन हिलाते हुए गद्गद भाव से सुनते हैं—हरे नमः। वह भजन है। राधा और कृष्ण का मामला है। पवित्र है। एक जगह भजन हो रहे थे। भजनीक ने सूरदास का पद गाया—आज हरि नयन उनींदे आए! आगे इसमें रति-चिह्नों का वर्णन है। भक्त डोलते हुए सुन रहे थे। भगत जी ने पूछा—इस पद में जो है, वह आपको समझ में आता है? वे बोले—हाँ-हाँ, राधा-कृष्ण का है। हरि, हरि! गर्दन हिलाने लगे। यही अगर संस्कृत में हो, तो और पवित्र होता है। जो समझ में न आए, वह पवित्र होता है। कुछ लोग संस्कृत के हर छन्द को प्रभु-प्रार्थना समझते हैं। 'कुट्टनी चरितम्' को भी ऐसे सुनेंगे, जैसे प्रार्थना सुन रहे हैं। ऐसे ही कुछ लोग उर्दू के हर शेर को हास्यरस का समझते हैं। शेर सुना और ही-ही करने लगे। भाव चाहे करुण हो। 'किस्मत में है मरने की तमन्ना कोई दिन और'—वाह, वाह, तमन्ना! ही-ही-ही-ही!

इधर का यह आदमी अपने को दुनिया में सबसे पवित्र और नैतिकतावादी मानता है। ऊपर सब ठीक किए रहता है, भीतर अन्तर्विरोध पालता है। अश्लील से अश्लील पद भक्तिभाव से सुनेगा, मगर साधारण आदमी की भाषा में लिखा प्रेम-पत्र पढ़कर भन्ना उठेगा।

यही आदमी कहता है कि हम कोई क्रान्ति नहीं करेंगे, क्योंकि क्रान्ति में हिंसा होती है। हम अहिंसावादी, दयालु, मानवतावादी लोग हैं। हम बुद्ध, महावीर और गांधी के देश के लोग हैं। मगर इसी आदमी ने अब तक लगभग बीस लाख हिन्दू-मुसलमान दंगे में मार डाले हैं। इतने में दस क्रान्तियाँ हो जाती हैं। यह आदमी पश्चिम के लोगों को लोभी, भौतिकतावादी वगैरह कहता है। मगर यही निर्लोभी आध्यात्मिक आदमी मक्खन में स्याही सोख और बेसन में 'सोप स्टोन' मिलाकर बेचता है। दवा तक में मिलावट करके वह मौत से अपना मुनाफा बढ़ा लेता है।

मगर यह अन्तर्विरोध अध्यापक या सुधारक की परेशानी नहीं है। उनका रास्ता सीधा है। वे उचित ही करते हैं। पर मार्क ट्वेन की एक बात मुझे याद आ रही है। उस सिरफिरे ने कहा है कि आदम ने सेब इसलिए खा लिया कि उसे खाने की मनाही थी। अगर उसे साँप खाने से मना किया होता, तो वह साँप को खा जाता।

एक बड़ी चोरी

अखबार के आधे पृष्ठ में यह समाचार छपा है—अमुक प्रान्त के मुख्यमंत्री के महल में चोरी हो गई। कई लाख की। हीरे, मोती, नोट। थालियाँ सोने की। कुर्सी सोने की। मेज सोने की। गिलास सोने के। आदमी—नहीं, आदमी महल से चोरी नहीं गया। जाता, तो वह भी सोने का होता।

इस समाचार को मैं पढ़ता गया और दुखी होता गया। सोने की थाली—हाय! सोने की कुर्सी—हाय! सोने का गिलास—हाय! हाय! पिछले वर्षों अपीलें होती रही हैं कि राष्ट्र की रक्षा के लिए सोना चाहिए। मगर जो सोना विधाता ने चोरों के नाम लिख दिया था, वह राष्ट्र को कैसे मिलता? यों तो राष्ट्र में चोर भी शामिल हैं और कभी-कभी राष्ट्र की रक्षा का नारा सबसे ऊँचा चोर ही लगाते हैं। राष्ट्र की रक्षा से कभी-कभी चोरों की रक्षा का मतलब भी निकलता है।

खैर, इस चोरी से मैं दुखी हूँ, इसलिए नहीं कि मुख्यमंत्री के घर हो गई। सारे मुख्यमंत्रियों के घर चोरी हो जाए, मुझे क्या मतलब! चौथे चुनाव के बाद से हर मुख्यमंत्री, भूतपूर्व मुख्यमंत्री, अभूतपूर्व मुख्यमंत्री और उदीयमान मुख्यमंत्री खुद एम.एल.ए. चुरा रहे हैं। वे दूसरे के घर में विधायक चुराने के लिए घुसते हैं कि इधर कोई चोर उनके घर से सोने की थालियाँ चुरा लेता है। घाटा नहीं होता। एक विधायक आजकल सोने की थाली से ज्यादा कीमत का होता है। दु:ख मुझे इसलिए भी नहीं है कि मैं चोरों में एक नहीं था और कोई सोने की थाली मेरे हाथ नहीं लगी। दु:ख मुझे इसका है कि ऐसी चोरी मेरे घर नहीं हुई। इतनी बड़ी चोरी होने का अपना एक गौरव है, सुख है। मेरे घर तो कोई छोटी चोरी भी नहीं हुई। मेरा नाम चोरों की फेहरिस्त में है ही नहीं। मेरी कभी जेब भी नहीं कटी। मैं भीड़-भाड़ में जाता हूँ। रेल, सिनेमा, प्रदर्शनी में रोज जेब कटने के समाचार सुनता हूँ, मगर जेबकट मुझे कोई टुच्चा आदमी समझकर छोड़ देते हैं। चोरों और जेबकटों में कभी मेरा नाम उठता होगा, तो वे इस तरह टाल जाते होंगे, जैसे कांग्रेस अध्यक्ष किसी वार्ड मेम्बर को टाल देता है। जो लेखक साहित्य में 'रिकगनिशन' (मान्यता) नहीं मिलने की शिकायत करते हैं, वे मुझे तो देखें—मुझे तो जेबकट तक 'रिकगनिशन' नहीं देते। तुम्हें आलोचकों से शिकायत है और मुझे जेबकटों से। इस कथन से यह मतलब न निकाला जाए कि मैं आलोचक और जेबकट को एक ही प्रकार के आदमी समझता हूँ।

पिछले महीने पड़ोस के दो मकानों के दरवाजे टूटे, तो मुझे उम्मीद हुई कि अब अपना नम्बर आनेवाला है। मैंने पीछे के दरवाजे में दो ताले जड़े, जिससे चोर समझें कि इस घर में बहुत माल है। मैं रोज रात को कुछ होने की आशा करता। पर सुबह ताले वैसे ही लटके देखकर दुखी होता। कोई चोर हमें 'सीरियसली' नहीं ले रहा था। शायद वे आपस में मेरी हँसी भी उड़ाते हों—इस बेवकूफ को देखो; दो ताले जड़ रखे हैं। भीतर तालों की कीमत के बराबर भी पैसे न होंगे। एक रात पानी गिरने लगा तो हम लोग भीतर चले। मेरे भानजे ने दरवाजा खोला, तो चौंका और कहा—भीतर दो आदमी हैं। मोमबत्ती जलाकर चोरी कर रहे हैं। मैंने सोचा, अन्तत: चोर मेरी अवहेलना नहीं कर सके। चोर इस मामले में फिर भी आलोचक से बेहतर है—आलोचक तो जिन्दगी-भर लेखक की अवहेलना कर देते हैं। मैंने सोचा, प्रतिष्ठा का क्षण सम्मुख है। हल्ला करके मुहल्ले को इकट्ठा कर लेते हैं। इसके पहले एक बार जाँच कर लेना ठीक समझा। चोरों के

और मेरे सम्बन्धों में काफी तनाव आ गया था और मैं उन पर विश्वास खो चुका था। मुझे फिर भी शक था कि वे मेरे घर आए हैं। मैंने दरवाजा फिर खोलकर देखा—सामने की दीवार पर टँगे चित्र के काँच पर हम मामा-भानजे की परछाईं थी और दूर के एक बल्ब का मन्द प्रतिबिम्ब। भानजे को इसी से भ्रम हो गया था। मैं निराश हो गया। दार्शनिक हो जाने के सिवा कोई रास्ता नहीं था। सोचा, अपने घर में अपना ही प्रतिबिम्ब चोर बना हुआ है। हर आदमी बाहर है अपने से—और भीतर उसी की परछाईं चोर बनकर घूम रही है। हमें पता नहीं रहता, पर हम खुद अपने लिए ही चोर हैं। मैं खुद अपने भीतर से कब से चोरी करके माल बाजार में बेच रहा हूँ।

कुछ दिन दर्शन ने इच्छा को दबा दिया। लेकिन फिर प्रदर्शन की चाह ने दर्शन को दबा दिया। इस बड़ी चोरी के समाचार को ज्यों-ज्यों पढ़ता हूँ, सोचता हूँ, अपने घर यह चोरी होती, तो कैसा अच्छा लगता। समाचार कहता है—पुलिस मंत्री, पुलिस के इन्स्पेक्टर जनरल, उनके डिप्टी वगैरह फौरन मौके पर पहुँच गए। शायद इस वक्त मंत्रिमंडल की आपातकालीन बैठक चल रही हो। शायद गृहमंत्री को इस्तीफा देना पड़े।

मैं कल्पना कर रहा हूँ, अगर मेरे घर चोरी होती, तो उसकी अखबारी 'पब्लिसिटी' कैसी होती।

इस तरह का समाचार छपता—

—गत रात्रि हिन्दी लेखक हरिशंकर परसाई के घर में चोरी हो गई। इस घटना से समस्त हिन्दी साहित्य क्षेत्र में हर्ष व्याप्त है। हमारे संवाददाता ने जब परसाई जी से सम्पर्क किया तो उन्होंने चुराए गए सामान का विवरण देते हुए बताया कि लगभग पचास हजार रुपए तो नगद थे। पिछले दिनों अपने ईमान को नीलाम करने से यह रकम उन्हें मिली थी, यह लोगों को याद होगा। उन्होंने बताया कि एक सोने का कलम और कलमदान था। यह वही कलम है, जिससे गणेश जी ने व्यास से 'डिक्टेशन' लिया था। गणेश जी यह कलम उनके पूर्वजों को उनके लिए दे गए थे। एक जोड़ी सोने के कुंडल भी थे, जो कालिदास परसाई जी के पूर्वजों को दे गए थे। एक सोने का टी-सेट भी था। परसाई जी का कहना है कि यह टी-सेट भारतेन्दु हरिश्चन्द्र अपने जबलपुर प्रवास के मौके पर मुझे दे गए थे। इन बातों को सुनकर हिन्दी के एक दूसरे लेखक श्रीकान्त वर्मा ने माथा ठोंककर कहा—ये भी आखिर 'फ्रॉड' निकल गया।

इस घटना का समाचार सुनकर हिन्दी साहित्य सम्मेलन के अध्यक्ष बाबू गोविन्ददास ने कहा—मैं इसे हिन्दी के प्रति चोरों का अन्याय मानता हूँ और इसका विरोध करता हूँ। भारतीय चोरों में यदि राष्ट्रभाषा का तनिक भी गौरव है, तो उन्हें अँगरेजी लेखकों के घर में चोरी करनी चाहिए। मैं परसाई जी से भी कहना चाहता हूँ कि यदि वे 'सत्साहित्य' लिखते, तो उनके घर में चोरी न होती। आशा है, वे भविष्य में चोरों के डर से ही सत्साहित्य लिखेंगे। समस्त सत्साहित्य चोरों के डर से लिखा हुआ होता है।

अपनी चोरी की 'पब्लिसिटी' की यह कल्पना मैं किए बैठा हूँ, जब भी सुअवसर आए। मगर मुश्किल यह है कि चोरों का 'स्टैंडर्ड' बढ़ गया है और पसन्दगी बदल गई है। वे लेखक के घर की तरफ नहीं देखते, लेखक को ही चुराकर ले जाते हैं। जेबकट भी ऊँचे हो गए हैं। जो लेखक अपने को अपनी ही जेब में रखकर चलते हैं, उन्हें खतरा है। कोई जेब काटकर उन्हें ले जाएगा।

मुक्तिबोध : एक संस्मरण

भोपाल के हमीदिया अस्पताल में मुक्तिबोध जब मौत से जूझ रहे थे, तब उस छटपटाहट को देखकर मोहम्मद अली 'ताज' ने कहा था :

उम्र-भर जी के भी जीने का न अन्दाज आया।
जिन्दगी छोड़ दे पीछा मेरा मैं बाज आया॥

जो मुक्तिबोध को निकट से देखते रहे हैं, जानते हैं कि दुनियावी अर्थों में उन्हें 'जीने का अन्दाज' कभी नहीं आया। वरना यहाँ ऐसे उनके समकालीन खड़े हैं, जो प्रगतिवादी आन्दोलन के कन्धे पर चढ़कर 'नया पथ' में 'फ्रंट पेजित' भी होते थे, फिर पंडित द्वारकाप्रसाद मिश्र की 'कृष्णायन' का धूप-दीप के साथ पाठ करके फूलने लगे और अब जनसंघ-राजमाता की जय बोलकर फल रहे हैं। इसे मनाना चाहिए कि पुराने प्रगतिवादी आन्दोलन ने भी मुक्तिबोध का प्राप्य नहीं दिया।

(बहुतों को दिया) कारण, जैसी स्थूल रचना की अपेक्षा उस समय की जाती थी, वैसी मुक्तिबोध करते नहीं थे। न उनकी रचना में कहीं 'सुर्ख परचम' था, न प्रेमिका को प्रेमी लाल रूमाल देता था, न वे उसे 'लाल चूनर' पहनाते थे। वे गहरे अन्तर्द्वंद्व और तीव्र सामाजिक अनुभूति के कवि थे। मजे की बात यह है कि जो 'निराला' की सूक्ष्मता को पकड़ लेते थे, वे भी मुक्तिबोध की सूक्ष्मता को नहीं पकड़ते थे।

दूसरी तरफ के लोग उनके पीछे 'विह हंट' लगाए थे। उनके ऊबड़-खाबड़पन से आभिजात्य को मतली आती थी। वे उनके दूसरे खेमे में होने की बात को इस तरस के साथ कहते थे, जैसे—'ए गुड मैन फॉलन एमंग फेबियन्स।'

ऐसा भी नहीं है कि मुक्तिबोध को समझनेवाले लोग नहीं थे। पर निष्क्रिय ईमानदार और सक्रिय बेईमान मिलकर एक षड्यंत्र-सा बना लेते हैं। मजे की बात यह है कि प्रगतिवादी सत्ता प्रतिष्ठान के नेता भी, जिन्हें 'प्रतिक्रियावादी' कहते थे, उन्हीं की चिरौरी करके उन्हें अपने बीच सम्मान से बिठाकर 'रिस्पैक्टेबिलिटी' प्राप्त करते थे, मगर जो अपना था उसे अवहेलित करते थे। वह तो अपना है ही, उसकी नियति तय है—वह कमबख्त कहाँ जाएगा? पूर्वी यूरोप से साहित्य के आयात-निर्यात की जो फर्म है, उसके माल की लिस्ट में भी मुक्तिबोध की एक लाइन नहीं थी। हाँ, उन्हें बराबर भेजा जाता था, जिन्हें घर में 'फासिस्ट' कहा जाता रहा है।

मुझे याद है, जब हम उन्हें भोपाल के अस्पताल में ले गए और मुख्यमंत्री की दिलचस्पी के कारण थोड़ा हल्ला हो गया, पत्रकार मित्रों ने प्रचार किया, तब कुछ लोग जो साहित्य की राजधानियों के थे या वहाँ से बढ़कर आए थे, यह कहते थे कि हम प्रान्तीयता से ग्रस्त लोग उसे 'हीरा' बना रहे हैं। हम लोग 'प्रॉविंशियल' संस्कार के लोग कहलाते थे। प्रोफेसरान और ऊँचे लेखक उन्हें देखने शुरू-शुरू में इसलिए नहीं आते थे कि कहीं प्रयाग, दिल्ली और कलकत्ता में बदनामी न फैल जाए कि हम 'प्रॉविंशियल' में दिलचस्पी ले रहे हैं। प्रयाग और दिल्लीवालों ने जब 'गेटपास' दे दिया और 'अदीब' ने 'टाइम्स ऑफ इंडिया' में अँगरेजी में तारीफ कर दी, तब इनका दिलचस्पी लेने का साहस बढ़ा। बाद में तो लेख के शुरू में मुक्तिबोध की पंक्तियाँ मंगलाचरण के रूप में लिखने लगे—'वंदे वाणी विनायकौ' होने लगा। उनकी मृत्यु के बाद फूल बाँटने की झपटा-झपटी में कबीर की चादर की बड़ी फजीहत हुई।

यह सब—बाई दी वे। मुझसे तो नामवर जी ने कुछ संस्मरणात्मक लिखने को कहा है। संस्मरणात्मक कुछ भी लिखने में अपने को बीच में डालना पड़ता है।

संस्मरण की यह मजबूरी है। यह सावधानी बरतते हुए कि उनके बहाने अपने को 'प्रोजेक्ट' न कर दूँ, कुछ चीजें लिखता हूँ...गो सफल संस्मरण का वही गुण है, जिससे मैं बचना चाहता हूँ।

जबलपुर में जिस स्कूल में मुक्तिबोध ने नौकरी की थी, उसी में बाद में मैंने की। अपनी मुदर्रिसी का वह आखिरी दौर था, उनकी मास्टरी भी उसी अहाते में खत्म हुई थी। पुराने अध्यापक उनकी बात करते थे। साहित्य में (बल्कि पत्रकारिता में) मेरा प्रवेश तब हो चुका था। सुनता था, यहाँ 'तारसप्तक' वाले मुक्तिबोध रहते थे। उन्होंने 'प्रगतिशील लेखक संघ' की स्थापना की। फिर वे नागपुर प्रकाशन विभाग में चले गए। तब मुक्तिबोध की नई जवानी थी। छरहरे खूबसूरत आदमी थे। तब का उनका एक चित्र है, जो 'राष्ट्रवाणी' के मुक्तिबोध अंक में छपा है। बड़ी-बड़ी गहरी भावुक आँखें हैं। नाक बहुत 'सेंसुअस' है। शरीर सूख जाने पर भी मुक्तिबोध की आँखें धुँधली नहीं हुईं, सूखा चेहरा भी खूबसूरत रहा।

मैं कुछ लिखने लगा था। वे देखते रहते थे। मित्रों ने भी बताया होगा। मैं नागपुर शिक्षक-सम्मेलन के सिलसिले में गया था। मित्र मुझे उनसे मिलाने शुक्रवारा स्थित (शायद) उनके मकान पर ले गए। सच कहूँ, मुझे मुक्तिबोध से डर लगता था। मित्रों, प्रशंसकों में वे 'महागुरु' कहलाते थे। एक आतंक मेरे ऊपर था। मैं अपने अज्ञान में सिकुड़ा-सिकुड़ा पहुँचा। वे दरी पर पालथी मारे बैठे थे। पास पानी का लोटा और उस पर प्याला। हम लोग दरी पर बैठ गए। मुझसे बोले—आइए साहब! निहायत औपचारिक दो-चार मामूली बातें हुईं। यह जानकर कि मैं शिक्षकों के श्रम-संगठन के काम से आया हूँ, उन्होंने आँखें फाड़कर गौर से देखा। मुझसे न लिखने की बात की, न कोई तारीफ। चाय जरूर पिलाई। आगंतुक के बहाने खुद चाय पीने का का मौका वे चूकते नहीं थे। यह मुलाकात बहुत सूखी रही। मुक्तिबोध मुझे शंका से देख रहे थे। जाँच रहे थे। वे एकदम गले किसी से नहीं मिलते थे। प्रकृति से वे शंकालु थे। किसी को जैसा-का-तैसा स्वीकार नहीं करते थे। बाद के कटु अनुभव और अकेलेपन ने यह शंका की प्रवृत्ति और बढ़ा दी थी। राजनाँदगाँव में तो वे कई लोगों की कल्पना में न जाने कैसे, कैसी तसवीरें बनाकर परेशान हुआ करते थे। दिल्ली, कलकत्ता, प्रयाग के बहुत-से लोगों की इतनी अतिरंजित तसवीर वे बनाते थे कि लगता ये सब विकट शैतान हैं, जबकि वे अपने काम में लगे तटस्थ लोग थे। शंका व असुरक्षा की भावना इतनी तीव्र हो उठी थी, बाद में, कि वह भयावह कल्पना करते रहते थे कि अमुक-अमुक लोग

मेरे खिलाफ षड्यंत्र कर रहे हैं—जबकि उन्हें अपना भला करने से ही इतनी फुरसत नहीं मिलती थी कि उनका बुरा करें। उनके मित्रों को शायद यह नहीं मालूम की मुक्तिबोध कभी-न-कभी भयंकर शैतान के रूप में उनकी कल्पना कर चुके हैं। सामान्य आदमी का वे एकदम भरोसा करते थे, लेकिन राजनीति और साहित्य के क्षेत्र के आदमी के प्रति शंकालु रहते थे। कोई सहज ही उनके समीप होना चाहता या उनकी मदद करना चाहता, तो वे सशंकित हो जाते। कहते—पार्टनर, इसका इरादा क्या है? ज्यों-ज्यों उनकी मुसीबतें बढ़ती गईं, ज्यादा कड़ुए अनुभव होते गए, उनके कई विश्वसनीयों का चारित्रिक पतन होता गया, उनकी शंका बढ़ती गई। वे अपने को असुरक्षित अनुभव करते गए। अन्त के एक-दो साल तो वे अपने चारों तरफ डर के काँटे लगाकर जीते थे। उन्हें लगता, कोई भयंकर षड्यंत्र चारों तरफ से उन्हें घेर रहा है। यह स्थिति तब बहुत तीव्र हो गई, जब सरकार ने उनकी पुस्तक पर प्रतिबन्ध लगाया। इस बात को आगे लिखूँगा।

नागपुर में चार-पाँच दिन रहकर भी मैं उनसे दोबारा नहीं मिला। उन्होंने भी ऐसी कोई इच्छा नहीं की। यह सीधा कहलानेवाला आदमी, कुछ मामलों में बड़ा काँइयाँ था। वह चुपचाप बैठा जाँच रहा था। आगे साल-भर तक कोई सम्बन्ध नहीं रहा। एक दिन 'नया खून' का ताजा अंक खोला तो तीन कॉलम की एक टिप्पणी का शीर्षक था—'थॉट' और परसाई की स्पिरिट में अन्तर है। टिप्पणीकार—गजानन माधव मुक्तिबोध। मेरी एक कहानी का अनुवाद 'थॉट' ने छापा था। मुक्तिबोध ने 'थॉट' की राजनीति बतलाई थी और मेरी कहानी को जैसे 'मिसफिट' कहा था। चेतावनी थी कि ये पत्र प्रचार और पैसे का लोभ देकर कैसे किसी बनते लेखक को फँसाते हैं। मेरी उस कहानी का अर्थ 'थॉट' ने साम्यवादी व्यवस्था में 'रेजिमेंटेशन' के सन्दर्भ में लगाकर छापा था। यों मेरी एक 'फैंटेसी' को 'पांचजन्य' ने पौराणिक कथा समझकर धर्मार्थ उद्धृत कर लिया था। अपनी समझ का उपयोग करने का हरएक को हक है।

मैंने उन्हें नहीं लिखा। वे भी चुप रहे। सालेक बाद जब 'वसुधा' निकालने की योजना बनी, तो मैंने उन्हें पत्र लिखा। वे भरे बैठे थे। बड़ा लम्बा पत्र आया। लिखा था कि 'नया खून' की उस टिप्पणी के बाद यहाँ लोगों ने मुझसे बार-बार कहा कि आपको बहुत बुरा लगा है। मैं दूर हूँ। लोगों से सम्पर्क होता नहीं है। सुनता रहता हूँ। सोचा, सीधे आपसे बात कर लूँ। मैं साफ बात करना पसन्द करता हूँ। आप मुझे साफ बताइए कि क्या उस टिप्पणी से आपको बुरा लगा?

मैं समझ गया, मेरी-उनकी निकटता को घटित न होने देने में किन्हीं लोगों ने अपना फायदा देखा होगा। अपना फायदा देखने का भी हरएक को हक है। बाद में पता चला कि इन लोगों ने अपने समकालीनों के लिए खुफिया विभाग भी खोल रखा था और जगह-जगह एलची नियुक्त कर रखे थे। हमारे मित्र, प्रमोद वर्मा जब तबादले पर जबलपुर आए, तब उन्हें हेड ऑफिस से चिट्ठी मिली थी कि यहाँ किससे सम्बन्ध रखना और किससे नहीं, इस बारे में अमुक से हिदायत ले लो। प्रमोद ने लिख दिया था कि शत्रु और मित्र मैं खुद बनाता हूँ। उस चिट्ठी को मुक्तिबोध के सामने हम लोगों ने पढ़ा और खूब हँसते रहे। खैर, ये स्थानीय मधुर पॉलिटिक्स की बातें हैं। मगर परिवेश से कटकर आदमी रह नहीं सकता। मुक्तिबोध जैसे पारदर्शी सचाई के सरल आदमी को अपने आसपास की यह अविश्वसनीयता और अकेलापन दे देती थी।

'कामायनी पुनर्विचार' को छापने के लिए एक पुस्तक-विक्रेता मित्र शेषनारायण राय राजी हो गए थे। वे पेशे से प्रकाशक नहीं हैं। पैसा लगा देने को तैयार थे। मुक्तिबोध जी पर उनकी श्रद्धा थी। तब मुक्तिबोध को कोई प्रकाशक नहीं मिलता था। पुस्तक का कम्पोजिंग चल रहा था, तब वे जबलपुर आए। तीन दिन हो गए, पर उन्होंने न किताब की बात की, न राय से मिलने की इच्छा। पहले तो रात-दिन पुस्तक छपने की लौ लगी रहती थी और अब यह विराग। मैंने कहा—आप प्रकाशक से तो मिल लीजिए। वे यहीं पास में रहते हैं। मुक्तिबोध खिन्न भाव से बोले—मिल लेंगे, पार्टनर। कोई उससे मिलने थोड़े ही आए हैं। मैंने कहा—सच बताइए मामला क्या है? वे बोले—अब तो पांडुलिपि दे ही चुके। अमुक साहब कह रहे थे कि आप बुरे फँस गए। वह राय तो बहुत खराब आदमी है। खैर! मैंने राय से कहा, राय हँसा। कहने लगा—वही साहब मुझसे कह गए कि तुम पैसा पानी में डाल रहे हो। उस किताब को कौन खरीदेगा? मुक्तिबोध उनका विश्वास करते थे। वे बड़े हैरान हुए। कहने लगे—आखिर उसने ऐसा किया क्यों? बाद में राय ने उन्हें रुपए पेशगी दिए। दुकान से वे कुछ किताबें भी ले गए। बहुत गद्गद थे। ऐसे मौके पर वे बच्चे की तरह हो जाते थे—वाह पार्टनर, आपका यह राय भी मजे का आदमी है। उसने इतने रुपए दे दिए। अगर उन्हें किसी से मुश्किल से सौ रुपए मिलने की उम्मीद है और वह दो सौ रुपए दे दे, तो वे चकित हो जाते। कहते—पार्टनर, यह भी बड़ी मजे की बात है। उसने तो दो सौ रुपए दे दिए। इतने रुपए कोई कैसे दे देता है। इस पुस्तक का प्रकाशन वे अपने ऊपर एहसान मानते

थे। राजनाँदगाँव से उन्होंने राय को अंग्रेजी में ऐसी चिट्ठी लिखी जो कोई लेखक प्रकाशक को नहीं लिखेगा। लिखा था—पुस्तक अच्छी छपनी चाहिए। मैं आपको लिखकर देता हूँ कि मुझे आपसे एक भी पैसा नहीं चाहिए, बल्कि आपका कुछ ज्यादा खर्च हो जाए, तो हरजाना देने को तैयार हूँ।

राजनाँदगाँव में वे अपेक्षाकृत आराम में रहे। शरद कोठारी तथा अन्य मित्रों ने उनके लिए सब कुछ किया। पर वे बाहर निकलने को छटपटाते थे। वे साल में एक-दो बार किसी सिलसिले में जबलपुर आते और खूब खुश रहते, रंगीन सपने में डूबते हुए कहते—पार्टनर, ऐसा हो कि एक बड़ा-सा मकान हो। सब सुभीते हों। कोई चिन्ता न हो। वहाँ हम कुछ मित्र रहें। खूब बातें करें, खूब लिखें-पढ़ें और जंगल में खूब घूमें। फिर कहते—आप राजनाँदगाँव आइए। वहीं कुछ दिन रहिए। बहुत बड़ा मकान है। कोई तकलीफ नहीं होगी। नो, नो, आई इनवाइट यू।

मुक्तिबोध की आर्थिक दुर्दशा किसी से छिपी नहीं थी। उन्हें और तरह के क्लेश भी थे। भयंकर तनाव में वे जीते थे। पर फिर भी बेहद उदार, बेहद भावुक आदमी थे। उनके स्वभाव के कुछ विचित्र विरोधाभास थे। पैसे-पैसे की तंगी में जीनेवाला यह आदमी पैसे को लात भी मारता था। वे पैसा देनेवाली पत्रिकाओं में लिखकर आमदनी बढ़ा सकते थे, पर लिखते नहीं थे। कहते—अपनी पत्रिका में लिखेंगे। बस मुझे तो कागज आप दे दीजिए। यों वे बहुत मधुर स्वभाव के थे। खूब मजे में आत्मीयता से बात करते थे। मगर कोई वैचारिक चालबाजी करे या ढोंग करे, तो मुक्तिबोध चुप बैठे तेज नजर से उसे चीरते रहते। उस वक्त उनके होंठ किसी बदमाश स्कूली लड़के की तरह मुड़ जाते। आपस में मित्रों में एकरस हो जाते, मगर तभी वर्ग-चेतना जाग उठती, तो अजनबी होने लगते। जबलपुर आए, तो मेरे घर पर एक मित्र हनुमान वर्मा से मुलाकात हुई। हनुमान कॉलेज में पढ़ाते हैं। खूब यारबाश आदमी हैं। दो-तीन दिन खूब मजे में उनसे मुक्तिबोध की जमती रही। फिर हनुमान अपने घर ले गया। वहाँ अच्छा-सा सोफा था। डाइनिंग-टेबिल भी थी। मुक्तिबोध को खटका लग गया। वे शिष्ट व्यवहार करने लगे। लौटते वक्त रास्ते में मुझसे बोले—पार्टनर, इस आदमी से अपनी कैसे पट सकती है! उसका सोफा देखो, डाइनिंग-टेबिल देखो। यह अपनी दुनिया का आदमी नहीं है। ही बिलांग्ज टू ए डिफरेंट वर्ल्ड। मैंने कहा—कुल छह-सात सौ ही पाता है वह। अपनी ही दुनिया का आदमी है। पर यह बात गले उतरने में देर लगी।

वर्ग-चेतना के तीव्र बोध की दो-एक घटनाएँ दिलचस्प हैं। मुझ पर एक प्रकाशक ने कॉपीराइट का मुकदमा चला दिया था। मुक्तिबोध आए हुए थे। दिसम्बर का महीना था। भोजन करके वे सामने के मैदान में बैठे थे। मैं कचहरी जाने लगा, तो पूछा—पार्टनर, मैजिस्ट्रेट कौन है ? मैंने नाम बताया। वे बोले—नाम से मालूम होता है कि वह नीची जाति का है। विदर्भ में होते हैं ये लोग। आप छूट जाएँगे। मैंने पूछा—यह अन्दाज आपको कैसे लगा ? उन्होंने कहा—वह नीची जाति का है न ! उसकी वर्ग-सहानुभूति लेखक के प्रति होगी, प्रकाशक के साथ नहीं। संयोग से मुकदमा खारिज भी हो गया।

एक साहित्य-समारोह में एक वयोवृद्ध ब्राह्मण आचार्य थे। विवाद की स्थिति थी ही। आचार्य के मातहत एक अध्यापक ने भी भाषण में आचार्य जी का समर्थन किया। बाद में मुक्तिबोध अकेले में हम लोगों से बड़ी गम्भीरता से बोले—वह जो अध्यापक है, उसकी सहानुभूति हमारी तरफ है। नौकरी के लिए आचार्य की बात बोल रहा था। वह जाति का अहीर है न ! वह हमारा ही साथ देगा, ब्राह्मण आचार्य का नहीं।

पर एक दूसरे मौके पर दूसरी ही तरह की बात कहकर उन्होंने हमें चौंकाया। एक आदमी बड़ा ओछा व्यवहार कर रहा था। हम सब लोगों की पीठ-पीछे निन्दा करता था। मुक्तिबोध सुनते-सुनते बोले—पार्टनर, वह जात का लोधी है न ! इसीलिए।

मुक्तिबोध विचारों से आधुनिक लेकिन इसके साथ ही वैज्ञानिक व्यवहार में कई बातों में बिलकुल सामंती। किसी को अपने घर में साग्रह खाना खिलाना, अपनी हैसियत से बाहर खातिर करना उनकी खास प्रकृति थी। लगता था, कोई पुराने ठाकुर साहब हैं, जिन्हें मूँछें मुड़ाना पड़ेगा, अगर मेहमाननवाजी में कमी आई। एक बार नागपुर में जब वे तीव्र ज्वर में 'नया खून' के टीन के नीचे काम कर रहे थे, मैं पहुँच गया। भर-दोपहर में पास की दुकान पर मुझे मिठाई खिला लाए, तब चैन पड़ी। मैंने बहुत मना किया, पर वे कहते—नहीं साहब, आप आए हैं, तो कुछ खाना तो पड़ेगा। पक्षाघात से जब वे पीड़ित थे, तब हम उन्हें भोपाल के लिए लेने पहुँचे। उस हालत में भी वे हड़बड़ा रहे थे कि इनके लिए क्या कर दिया जाए। कहने लगे—आप मेरे मेहमान हैं। आप मेरे यहाँ क्यों नहीं ठहरेंगे, कोठारी के यहाँ क्यों ? कोठारी से भी शिकायत की—क्यों साहब, यह क्या हरकत है ? इन्हें आपने रास्ते में क्यों रोक लिया ? इसमें बनावट नहीं थी। उनकी सच्ची ममता थी, उनके आन्तरिक संस्कार थे। वे नई-से-नई वैज्ञानिक उपलब्धि से मुग्ध होते थे, पर परिवार-नियोजन के खिलाफ थे। परिवार-नियोजन को पूँजीवादी सभ्यता की प्रवृत्ति मानते

थे। विचारों के मामले में जितने सधे हुए, जिन्दगी की व्यवस्था में उतने ही लापरवाह। स्वास्थ्य के प्रति अत्यन्त असावधान थे। सम्बन्धों में लचीले, मगर विचारों में इस्पात की तरह। कहीं कोई समझौता नहीं। पैसे-पैसे के लिए तंग रहते थे, पर पैसे को लात भी मारते थे। कभी बिलकुल निस्संग हो जाते, कभी मोहग्रस्त।

मुक्तिबोध विद्रोही थे। किसी भी चीज से समझौता नहीं करते थे। स्वास्थ्य के नियमों और अर्थशास्त्र के सिद्धान्तों से भी नहीं। उनकी राजनीति है, यह बात सर्वविदित थी। नागपुर में सरकारी नौकरियों में थे, तब उनके पीछे साम्यवाद-विरोधी भूत लगे रहते थे। उनके विचारों ने कभी उन्हें नौकरी में ऊपर नहीं उठने दिया। राजनाँदगाँव के प्राइवेट कॉलेज की नौकरी उन्हें अनुकूल पड़ी। वहाँ उन्हें लोगों ने बड़े श्रद्धा-प्रेम से रखा।

मुक्तिबोध भयंकर तनाव में जीते थे। आर्थिक कष्ट उन्हें असीम थे। उन जैसे रचनाकार का तनाव साधारण से बहुत अधिक होगा भी। वे संत्रास में जीते थे। आजकल संत्रास का दावा बहुत किया जा रहा है। मगर मुक्तिबोध का एक-चौथाई तनाव भी कोई झेलता, तो उनसे आधी उम्र में मर जाता। मृत्यु से दो साल पहले वे जबलपुर आए थे। रात-भर वे बड़बड़ाते थे। एक रात चीखकर खाट से फर्श पर गिर पड़े। सँभले, तब बताया कि एक बहुत बड़ी छिपकली सपने में सिर पर गिर रही थी।

उन दिनों उनकी पुस्तक 'भारत : इतिहास और संस्कृति' पर प्रतिबन्ध लग चुका था। वह पुस्तक कोर्स में लग चुकी थी। उसके खिलाफ आन्दोलन करानेवाले मुख्यतः दूसरे प्रकाशक थे। आन्दोलन में जनसंघ प्रमुख था। इसके साथ ही गैर-साम्प्रदायिक पत्रों के भी बिके हुए सम्पादक थे। जनसंघ उनके पीछे पड़ गया था। राजनाँदगाँव में उसके स्वयंसेवक उन्हें परेशान करते थे। उस वक्त विद्वान लेकिन अधिकारहीन राज्यपाल था और भ्रष्ट तथा मूर्ख मुख्यमंत्री। राज्यपाल ने डेढ़ घंटे बात की, बात मानी भी, पर कहा—मैं क्या कर सकता हूँ! मुख्यमंत्री के पोर्टिको के पास मुक्तिबोध घंटे-भर खड़े रहे। वह बँगले से निकला तो ये बात करने बढ़े। बात शुरू ही की थी कि बोला—उसमें अब कुछ नहीं हो सकता। इन्होंने कहा—पर आप मेरी बात तो सुन लीजिए। वह बोला—मेरे पास इतना वक्त नहीं है। मुझे जरूरी काम है।

जबलपुर लौटे तो बहुत टूटे हुए और बहुत क्रोधित। वह आदमी चट्टान-जैसा था। लेकिन इस घटना ने उनके भीतर भय और असुरक्षा की भावना पैदा कर दी थी। वे बेहद उत्तेजित थे। इस प्रतिबन्ध से उनकी अपार क्षति हुई। यदि पुस्तक चलती, तो उन्हें इतनी रॉयल्टी मिलती कि सारा संकट खत्म हो जाता। व्यक्तिगत

क्षति का आघात तो था ही। पर इस पूरे कांड को व्यापक राजनीतिक सन्दर्भ में देखकर वे बहुत त्रस्त थे। कहते थे—यह नंगा फासिज्म है। लेखक को लोग घेरें, शारीरिक क्षति की धमकी दें। इधर सरकार सुनने तक को तैयार नहीं। अभिव्यक्ति की स्वतंत्रता जा रही है। गला दबाकर आवाज घोंटी जा रही है।

'अँधेरे में' कविता का यही रचनाकाल है। उन दिनों मुक्तिबोध बहुत आशंकाग्रस्त थे। छोटी-से-छोटी बात उन्हें विचलित कर देती थी। चाबी जिस जेब में रखी होने की उन्हें याद थी, अगर वह उस जेब में नहीं है तो वे ऐसे सशंकित हो उठते थे, जैसे कोई बड़ा षड्यंत्र उन्हें घेर रहा है। उन दिनों वे बहुत उत्तेजित होकर घंटों बहुत जोर से बोलते रहते थे। गले की नसें तनी हुई साफ दिखती थीं। कनपटी लौकती थी, दम भर आता था और वे 'डबल स्ट्रांग' चाय की माँग करते थे।

अन्तिम बीमारी के महीने-भर पहले वे जबलपुर आए थे। हाथ और पाँव में एक्जिमा था। पाँव सूजे थे। वे नीम की बहुत-सी पत्ती पीसकर साथ ले आए थे। सुबह पाँवों को धोकर नीम की पट्टी करते। बहुत दुर्बल हो गए थे। बहुत परेशान थे। पर शारीरिक और आर्थिक कष्ट की बात लगभग नहीं करते थे। रात को उन्होंने हम लोगों को 'अँधेरे में' कविता सुनाई थी। डेढ़ घंटे के पाठ के बाद वे शिथिल होकर बिस्तर पर लुढ़क गए थे। हम लोगों ने उन्हें थोड़ी ब्रांडी देकर सुला दिया था। सुबह बोले—पार्टनर, दवा बहुत अच्छी थी।

महीने-भर बाद ही उन्हें पक्षाघात हो गया। आदमी यह सोचने को मजबूर है कि अगर ऐसा हो गया होता, तो वैसा नहीं होता। बहुत-से मित्र यहाँ सोचते हैं, अगर वे तभी जबलपुर रुक गए होते तो बीमारी न बढ़ती। यहाँ मेडिकल कॉलेज में उन्हें कुछ दिनों के लिए भरती करा देने का हम लोगों ने तय किया था। पर उन्हें बीमार पिता जी से मिलने नागपुर जाना था। वे कह गए थे कि महीने-भर में मैं लौटकर आता हूँ और कुछ दिन रहकर यहीं आराम करूँगा और इलाज करूँगा। पर महीने-भर बाद उन्हें पक्षाघात हो गया। दिल्ली से जब मैं चल ही रहा था कि श्रीकांत के नाम उनके पत्र से यह खबर मिली।

मुक्तिबोध अपनी बीमारी की भयंकरता जानते थे। वे जानते थे कि यह बीमारी प्राणांत भी कर सकती है। शारीरिक कष्ट उन्हें बहुत था। छोटे-छोटे बच्चों के भविष्य की चिन्ता भी थी। रात कराहते बीतती थी। भोपाल के मित्र रात-भर कमरे के बाहर बरामदे में बैठे 'आई ग' (ओ माँ) और 'अग' (पत्नी को बुलाने के लिए) सुना करते थे। पर मुक्तिबोध का उत्साह कम नहीं हुआ था। वे टूटे नहीं थे। संज्ञाहीन होने के

पहले तक वे बीमारी की शिकायत लगभग नहीं करते थे। वे साहित्य और राजनीति की बातें करते थे। खूब उत्साह से बोलते थे। कभी हम उन्हें स्वास्थ्य के बारे में झूठा भरोसा दिलाते तो वे पलकें नीची करके कहते—हाँ, पार्टनर। ठीक तो हो ही जाएँगे। उनके भाव से हम समझने लगे थे कि यह आदमी जानता है कि ये लोग मुझे दिलासा दे रहे हैं। वे संकेत से बता देते थे कि मैं सब जानता हूँ। मुझे क्यों बहलाते हो!

अपनी तरफ बढ़ती हुई मृत्यु को जो साफ देख रहा था, उसकी जिन्दगी की जकड़ कम नहीं हुई थी। यह किसी भी तरह जीवन से अटके रहने का घटिया मोह नहीं था। ऐसा नहीं था कि जीवन के सारे सन्दर्भ कटकर सिर्फ आत्म-मोह बचा हो। आत्म-मोह अन्तिम क्षण तक उस आदमी में नहीं आया। वह सिर्फ जीवन-सन्दर्भों में उलझा हुआ था। सिगरेट और चाय के लिए अलबत्ता वे बाल-हठ जैसा करते थे। बाकी अपने बारे में कुछ नहीं। नेहरू जी की तबीयत कैसी है? देश की राजनीति किस ओर से गुजर रही है? साहित्य में इन दिनों क्या चला हुआ है? यही सब बातें वे करते थे। पीड़ा होती तो कराह देकर वे फिर वैसे ही नॉर्मल हो जाते थे।

बीमारी से लड़कर मुक्तिबोध निश्चित जीत गए थे। बीमारी ने उन्हें मार दिया, पर तोड़ नहीं सकी। मुक्तिबोध का फौलादी व्यक्तित्व अन्त तक वैसा ही रहा। जैसे जिन्दगी में किसी से लाभ के लिए समझौता नहीं किया, वैसे मृत्यु से भी कोई समझौता करने को वे तैयार नहीं थे।

वे मरे। हारे नहीं। मरना कोई हार नहीं होती।